神谷浩夫 著　中澤高志 編集協力
Hiroo Kamiya　　Takashi Nakazawa

# ベーシック
# 都市社会
# 地理学

Urban Social Geography

ナカニシヤ出版

# 目 次

## 第1章 都市社会地理学とは ― 1
1 都市社会地理学とは　1
2 戦後の都市地理学の展開　2
3 都市を取り巻く環境の変化　5
4 都市社会を分析する視点　6

## 第2章 都市の成長と人口移動 ― 9
1 戦後の高度経済成長と住宅開発　9
2 居住地移動　18

## 第3章 労働の都市空間 ― 27
1 戦後の雇用動向と近年の雇用流動化　27
2 女性就業と非正規雇用の拡大　32
3 地方の雇用と都市の雇用　38

## 第4章 社会的二極化の社会地図 ― 41
1 シカゴ学派の都市生態学　41
2 都市の内部構造理論と社会地図　43
3 日本の都市の因子生態　45
4 エスニック・マイノリティの分布と同化　49
5 社会的二極化とセグリゲーション　51

## 第5章 流通の発展と商業空間の変容 ― 55
1 日本における流通の発展　55
2 近年の小売業の立地動向　61

## 第6章 ジェンダーとセクシュアリティの都市空間 ― 69
1 異性愛家父長制の都市空間　69
2 セクシュアリティと身体　76

## 第7章　高齢化と医療・福祉 ── 83
　1　医療の発展と地域的公正　83
　2　高齢化の進展と高齢者福祉　89

## 第8章　安全・安心のまちづくり ── 97
　1　都市と犯罪　97
　2　環境犯罪学と安全・安心まちづくり　106

## 第9章　都市のガバナンス ── 117
　1　ガバメントからガバナンスへ　117
　2　少子高齢化と失われた20年　118
　3　新しいガバナンスを求める動き　124
　4　ローカル・ガバナンスの台頭　128

## 第10章　都市の文化 ── 133
　1　都市の文化とは　133
　2　沖縄の音楽　138
　3　和太鼓ブームと地域おこし　140
　4　文化のグローバル化　144

## 第11章　東アジア型福祉国家 ── 149
　1　ケインズ主義福祉国家からシュンペーター主義勤労福祉国家へ　149
　2　東アジア型福祉国家と都市社会との関係　150

あとがき　155
初出一覧　158
事項索引　159
人名索引　162

# 第 1 章

# 都市社会地理学とは

## 1 都市社会地理学とは

　都市社会地理学は，どのような学問分野なのだろうか。ジョンストンら（Johnston et al. 2000）に基づきながら，都市社会地理学のおかれている状況やその内実を紹介しておきたい。

　ジョンストンら（Johnston et al. 2000）によれば，都市社会地理学とは，「社会関係とそれを支える空間構図の研究」であり，ここ 20 年間に社会理論や社会科学における「文化論的転回」から強く影響を受け大きな変貌を遂げてきた。それよりも少し前の時代に遡ると，1970 年代にラディカル地理学の影響を受けて社会地理学はその守備範囲を大きく広げ，「人文地理学」とほぼ同義の幅広い領域にまで拡大したという。ラディカル地理学の影響によって社会的不平等の地域的な差異に関心が集まるようになり，「社会的正義」の問題が取り上げるようになった。それと同時に 1970 年代には人文主義地理学が台頭し，人間の主観性を重視するようになった。こうした動きがみられた一方，社会地理学は実証研究を重視するという地理学の伝統を引き継いできた。たとえば，居住地分化のパターンを測定したり地図化することは，社会地理学の大きな特徴であり続けた（Johnston et al. 2000）。

　1980 年代には，人種差別や居住地分化の問題だけでなく，ジェンダーや障害者の問題へとさらに関心の幅を広げるようになった。現代では，犯罪や貧困，医療や保健，社会運動といった問題も，重要な研究テーマとして取り上げられるようになっている。また，これまでのように社会問題の空間的なパターンに関心を寄せるだけでなく，社会生活が形成される際に果たす空間の役割や，社会関係を支える空間構造の分析も重視されるようになった。

　以上のことからわかるとおり，都市社会地理学は都市の空間構造を解明することを目的として，その構造がなぜ形成されるのか，その原因は何なのかを明らかにし

ようとする。具体的にいえば，都市社会地理学は，住み分けを形成することとなる居住地選択を人々はなぜ行うのか，そして，人々による居住地選択はどのような制約を受けているのかを明らかにしようとする。このように都市社会地理学は，地域社会にとってなわばりや領域性がどれほど重要なのか，そして都市構造を操っているのは誰なのか，そして都市構造から利益を得ているのは誰なのかを明らかにしようとするものである。

そこで本章では，都市の社会地理を解明するためにこれまで地理学者が用いてきたアプローチを整理し，われわれが今後用いるべき方法を吟味する。

## 2 戦後の都市地理学の展開

都市社会地理学という用語は，比較的最近になって登場した。都市に対する社会地理学的な視点からのアプローチが近年になって発展してきたため，それらを都市社会地理学と呼ぶようになったのである。それ以前には，社会地理学という呼び名が一般的であった。社会地理学それ自体も，1940年代以降にドイツやアメリカ合衆国で台頭した比較的新しい分野である。社会地理学が一層の発展を遂げるのは，1960年代に地理学を席巻した計量革命とその後の新しい地理学を打ちたてようとする動きに刺激されてである。そこでまず，戦後における都市地理学の展開を簡単に振り返ってみる。

戦後に都市地理学が発展していく過程に，最初の大きな影響を与えた出来事は計量革命である。計量革命は従来の個別記述的な地誌学研究を排して，客観科学として法則定立的な地理学を確立しようする動きであり，地理学研究に多大な影響を及ぼしたが，その一方で多くの地理学者から強い反発も起きた。新古典派経済学と同様に，計量地理学は方法論的個人主義に依拠しており，社会制度や社会構造の問題は考察の対象外に置かれてしまうからである。

計量地理学の手法を都市に適用した典型的な事例は，都市における居住者の住み分けに因子分析の手法を適用した，因子生態分析である（第4章を参照）。これ以外にも，公共施設の最適立地問題に適用された立地配分モデルや，人口移動や物流の空間的なパターンに適用された空間的相互作用モデルなど，さまざまな計量モデルが取り入れられた。アメリカ合衆国の地理学研究に計量的アプローチが取り入れられるようになったのは1950年代半ばであったが，日本の地理学研究で計量地理学が盛んになるのは1970年代に入ってからであった。

計量的アプローチは新古典派経済学や機能主義社会学から強く影響を受け，政策立案に役立つ研究を指向していた。そのため，客観的な分析であることを強調し，価値中立的であると標榜していた。それゆえ計量的アプローチの特徴は，(1) 観察者と被観察者は分離可能であり，(2) 客観的な分析が可能である，と考えている点にあった。この両方の点に関して，計量地理学に対して激しい批判が浴びせられた。

　都市地理学との関連でいえば，シカゴ学派都市社会学の中でもバージェスの同心円地帯構造やパークの同化理論に注目が集まった。これを契機に，都市地理学でも人間生態学という用語が広く知られるようになった。19世紀後半のシカゴにおいて，エスニシティの異なる移民が旧大陸から大量に押し寄せて都市膨張が引き起こされたのと比べると，戦後日本の都市膨張は農村からの人口移動によって発生したため，社会集団間の文化的差異は相対的に小さかった。そのため，都市地理学者の関心は職業や産業による居住地分化のパターンを描き出すことに向かった。都市的生活様式としてのアーバニズムが引き起こす疎外や不安，逸脱といった問題に都市地理学者が取り組むようになるのは，1990年代の文化論的転回を経てからである。

　計量地理学に対する批判として台頭した新しい地理学研究のアプローチとして，第1に行動論的アプローチ（行動地理学），第2に構造主義的マルクス主義のアプローチ，第3にポスト構造主義的アプローチがある。

　行動地理学は，人間の知覚や認知が地理的な行動（たとえば居住地選択の意思決定）にどのような影響を及ぼしているかを明らかにしようとする。計量地理学において欠落していた人間行動の視点を強く主張している点に特徴がある。広義の行動地理学には，場所への愛着や場所のイメージと人間との関わりを重視する人文主義的地理学や現象学的地理学も含まれる。人々の行動を合理的であるとみなすのではなく（新古典派経済学など），行動の意思決定過程を解明しようとする（ミクロレベルの意思決定）。

　計量革命へのアンチテーゼとして登場した第2のアプローチは，構造主義的マルクス主義に依拠するものである。構造主義的マルクス主義のアプローチによる社会の把握において根幹をなすのは，資本家階級と労働者階級との階級対立である。都市地理学では，フランスの社会学者のロジュキーヌやカステルなどが主導する新都市社会学の影響を受けたハーヴェイがその代表的な論者である。構造主義的マルクス主義の地理学者は社会的公正の問題に正面から向き合い，社会的不平等を生み出す資本主義のメカニズムの解明に向かった。研究の社会的意義（レリバンス）を問い直そうという動きはマルクス主義地理学だけでなく都市地理学全体にも広がり，政

策指向の実践的な研究が進められるようになった。社会地理学において，フェミニスト地理学や福祉の地理学，障害者の地理学，環境問題や市民運動の分析が広がっていったのは，こうした流れに対応したものである。

　都市地理学との関連でいえば，構造主義的マルクス主義の影響を受けた新都市社会学の集合的消費をめぐる議論は都市地理学に大きな影響を及ぼした。都市を集合的消費の単位と規定し，集合的消費財の配分をめぐる市民と政府とのせめぎあいを都市社会運動として描く新都市社会学の視角は，都市地理学者に対して財政支出の配分問題や市民運動への関心を促した。

　第3のアプローチは，1990年代に台頭したポスト構造主義的アプローチである。ポスト構造主義的アプローチは，カルチュラル・スタディーズやポストコロニアル理論の影響を受け，社会が階級という単一の基底構造によって規定されているのではなく，ジェンダーやエスニシティ，宗教，障害などその他にも多くの対立軸が存在すると主張する。都市研究では，都市景観や都市イメージ，そして空間そのものが社会的に構築されていることを読み解くアプローチが活発化していった。文化を重視するこうした視点への注目は，「文化論的転回」と呼ばれている。文化地理学的な研究は，従来の都市地理学において地図や図表による表現方法が多用されてきたことに異議を唱え，参与観察や深層インタビューといったエスノグラフィーの手法が広く用いられるようになった。地図や図表による表現が忌避される理由は，地図や図表を作成する際には政府が公表する統計データを用いることが多く，政府にとって不利益を及ぼすデータの公表が認められない場合もあるからである。

　文化論的転回が及ぼした影響は，これまで都市地理学で無視されてきたジェンダーやエスニシティ，障害者，セクシュアリティなどの問題にも注目するようになってきた点にある。たとえば，都市の分析にジェンダーの視点が導入されると，同じ都市空間であってもその受け止め方（イメージや表象）は男性と女性で大きく異なることが明らかになってくる。これまで都市地理学の研究に特徴的だった住宅や商業施設などの建造物や街路，公園に関しても，そのデザインや思想を支配しているのは異性愛家父長制のイデオロギーであることが多い。現代の日本の都市では，障害者にも配慮したユニバーサルデザインが普及しつつあり，同性愛者の受け入れに寛容な都市空間も一部では生まれてきている。

## 3 都市を取り巻く環境の変化

　都市社会地理学の研究対象は，もちろん都市である。都市社会地理学の研究対象である都市そのものが変化すれば，それに対応して研究の方法や観点も変わらざるを得ない。現代都市を取り巻く環境は大きく変化しているが，こうした変化の中でも，特にグローバル化の進展と人口学的変化の影響は大きいだろう。

　グローバル化は，資本主義の深化とともに欧米諸国で多国籍企業が急成長し，国境を越えたヒト・カネ・モノの移動が活発化することで顕著となった。その結果，1970年代から「グローバリゼーション」という語が広く使われるようになった。ソビエト連邦が崩壊した1991年以降，資本主義が経済体制として優れているという価値観が世界に浸透するようになった。それ以前，戦後多くの先進国ではケインズ主義福祉国家が優勢であったが，共産主義の崩壊によって市場メカニズムを重視した経済運営の動きが強まった。

　ケインズ主義福祉国家の後退により，貧富の差が拡大し，医療や福祉の分野では効率化が叫ばれるようになってきた。社会の二極化が進み，貧困問題や失業問題が深刻化している。製造業では，多国籍企業は生産工程の再編成を推し進め，労働集約的な工程を途上国に移転し，本社機能と研究開発部門を都市内の有利な地点へと集約する動きを強めている。単純工程が海外に移転することにより，都市のサービス経済化に拍車がかかり，高度な対事業所サービスが拡大する一方で，医療や福祉など対人サービスでは低賃金が常態化しつつある。

　経済のグローバル化を促進する別の要素は，携帯電話やインターネット，衛星テレビなど情報技術の発展である。デジタル通信技術の発達は，瞬時に世界中の都市を結びつけ，製造業やサービス業の立地に影響を及ぼすだけでなく，SNSなどを通して一般市民によって発信される情報が世界を駆け巡るようになることで，都市の政治や文化にも大きな影響を与えている。

　グローバル化は国境を越えた人の移動を活発させ，途上国から先進国に流入する移民は都市の社会地理を大きく塗り替えようとしている。これまで日本の都市地理学において，いわゆるオールドカマーと呼ばれる在日韓国・朝鮮人の問題を除けば，エスニシティの問題が大きく取り上げられることはなかった。しかし1990年代に入ると入管法が改正され，日系ブラジル人やアジアからの技能実習生の受け入れが急増した。その結果，都市の社会地理に大きな影響が及ぶようになった。

　現代都市を取り巻く環境の変化として，グローバル化と並んで重要なのが人口学

的変化である．日系ブラジル人労働者や技能実習生に象徴される外国人労働力の受け入れは，経済のグローバル化の進展の現れであるとともに，日本における人口学的な要因によるところも大きい．つまり外国人労働力の増大は，国内労働力の枯渇化という文脈で理解する必要がある．定住外国人の増大は都市の社会地理にも大きな影響を及ぼし，欧米の都市が直面してきた社会統合の問題について，遅まきながら日本社会も対応を迫られることになった．

　少子高齢化の進展にともない，高齢者福祉施策の整備も進められてきた．2000年に介護保険制度が導入され，その後も福祉制度は試行錯誤を繰り返しながら充実が図られてきた．その一方，1990年代に始まる民活路線の波は福祉の分野にも及び，中央政府および地方自治体の財政逼迫とも絡んで，福祉の営利化や切り捨てなども起きている．公的サービスに頼らずに高齢者を支えるために，地域福祉の強化を求める声が強まっている．しかし，高度経済成長期の都市化過程で地域のコミュニティ機能が弱体化した現在，高齢者福祉をコミュニティだけに依存することは不可能となっており，公共部門と民間部門，それに地域コミュニティの果たす役割を整理することが必要な時期に差しかかっている．

　少子高齢化と並んで重要な人口学的変化は，ひとり親世帯や単身世帯の増大である．ひとり親世帯や単身世帯の増大によって，これまで夫婦と子どもからなる標準的な世帯を想定して組み立てられてきた社会保障や住宅政策の見直しが求められている．ひとり親世帯の増大，特に女性世帯主世帯の増大は貧困の女性化を招き，都市社会地理学が取り組むべき新しい課題となっている．

## 4　都市社会を分析する視点

　構造的変化を遂げつつある現代都市を理解するために近年の地理学で用いられている視点は，社会－空間弁証法である．社会－空間弁証法とは，端的にいえば，社会と空間は相互に影響を及ぼしあう関係にあることを指す．こうした考え方は，時間地理学や構造化理論の影響を受けている．われわれは，家族，コミュニティ，民族集団，国家などさまざまな社会を構成している．これら大小さまざまな社会は，都市空間によって制約を受けている．そして人々は，都市において展開される日常の仕事や社会生活を通じて，自分たちの必要に応じて，そして自分たちの価値観を表現するために，都市空間を改変する．それと同時に，人々は自分たちを取り巻く都市空間や社会に順応せざるを得ない．このように社会的諸関係によって都

市空間が形成され，そうした都市空間の中で繰り広げられる人々の社会生活は，都市環境に大きく制約される。つまり，種々の社会集団の日常生活の営みが都市空間を作り上げ，修正を加える一方で，都市で暮らす人々の価値観や行動パターン，態度は，人々を取り巻く都市空間や周囲の人々の価値観や行動パターン，態度によって影響される，というように理解されるのである。文化論的転回以降，都市社会地理学では地図や図表による表現が忌避されるようになったことは前述したが，社会 – 空間弁証法の考え方では空間が社会とは切り離せない存在であることも広く認識されている。

本書の以下の各章は，基本的には社会 – 空間弁証法の視点に依拠しながら，現代の都市社会を取り巻く諸問題に対してアプローチする。

最後に，本書の執筆の意図についても簡単にふれておきたい。英語による都市社会地理学の代表的な著書は，その訳書が刊行されているノックスとピンチによる『都市社会地理学』である（ノックス&ピンチ 2013）。この本は都市社会地理学を学ぶ者にとって必読書となっているが，欧米の事例に基づいて記述されているため，日本の読者にはわかりづらい。これを踏まえて，本書は，日本あるいは東アジアの事例に基づいて都市社会の問題に対する地理学的な考察を行うものである。

欧米における都市社会の動向と日本や東アジアにおける近年の都市社会の動向は，グローバル化が進む世界経済の中で共通している側面もあるが，歴史的な背景や政治・社会制度の面で根本的な違いもあるため，単純な比較は難しい。たとえば福祉の削減がもつ意味も，微妙に異なる。こうした違いを明らかにするためにも，欧米の理論の直輸入ではなく，日本や東アジアのコンテクストに十分な配慮が求められる。本書は，都市社会地理学の理論に着目するだけでなく，日本およびアジアの諸都市の社会地理をどのように理解すべきかという観点から，地理学的な視点の重要性を明らかにしようとするものである。

◆調べてみよう
日本の都市に関する計量地理学的な研究，行動地理学的な研究，構造主義的マルクス主義のアプローチによる研究，ポスト構造主義的アプローチによる研究の事例を調べてみよう。

◆考えてみよう

日本の大学で学ぶ外国人留学生は増えているが，外国人留学生の増加が大学の教育や運営に与える影響について考えてみよう。さらに，受け入れ留学生の数が増大することによって，あなたの大学生活は以前の学生と比べてどのように変化しているのか考えてみよう。

◉第１章　参考文献

ノックス, P., & ピンチ, S. 著 川口太郎・神谷浩夫・中澤高志訳 2013.『改訂新版 都市社会地理学』古今書院. Knox, P. and Pinch, S. 2010. *Urban Social Geography: An Introduction*, 6th ed. London, Pearson Education Limited.

Johnston, R. J., Gregory, D., Pratt, G. and Watts, M. eds. 2000. *The Dictionary of Human Geography*, 4th ed. Oxford, Blackwell.

# 第 2 章

# 都市の成長と人口移動

## 1 戦後の高度経済成長と住宅開発

### ■ 1-1 戦後の経済発展の軌跡

　最初に，戦後における日本の経済発展の歴史を概観しておこう。第二次大戦後に平和が訪れると，戦時中に農村部に疎開していた都市住民が再び都市に戻るようになり，都市人口は急増していった。この時期，若い男性が戦地から復員して結婚ラッシュが起き，その結果，出生数が大幅に増加した。こうして，1947-1949 年に生まれたコーホートは「団塊の世代」と呼ばれるようなった。たとえば，出生数の最も多かった 1948 年には約 270 万人の出生数を記録したが，これは 2013 年の出生数約 103 万人の 2.7 倍にも及ぶ。しかし，1949 年の優生保護法の改正によって経済的理由による人工中絶が合法化されたことにより，出生率は急激に低下していった。他の先進国でも日本と同様に第二次大戦後に出生率の急激な上昇が生じ，この現象はベビーブームと呼ばれている。

　戦争によって国土は荒廃し工場設備も破壊されたため，戦後しばらくは経済活動が停滞した。しかし，1950 年の朝鮮戦争特需によって繊維産業を中心に産業が復興し，「ガチャマン景気」と呼ばれる景気拡大が生じた。朝鮮戦争の特需によって輸出で獲得した外貨を元手に設備投資が拡大し，1955-1973 年の実質 GDP 成長率は年平均で 9.1％ を記録する高度経済成長の時代に突入した。日本の経済・産業構造は，高度経済成長の過程で農業や繊維などの軽工業から，鉄鋼・造船・化学などの重化学工業へとシフトしていった。これら重化学工業の集積は，既存の四大工業地帯（京浜・中京・阪神・北九州）からその周辺地域へと拡大し，太平洋ベルト地帯が形成された。大型タンカーや貨物船で海外から輸入した原料を加工するため，その多くは三大都市圏や瀬戸内など太平洋ベルト地帯の臨海部に立地している。高度経済成長の時期には，1964 年に東京オリンピック，1970 年には大阪万博が開催され，

東海道新幹線や東名・名神高速道路も全線開通した。高度経済成長によって雇用は拡大し，個人所得の増大によって可処分所得が増大する循環が生まれた。その一方，農林業の相対所得は低下し，政府は食糧管理法によって米価を維持することで農家所得の確保に努めた。

高度経済成長は労働集約型産業主導であったため，人口は農山村から太平洋ベルト地帯，特に首都圏に集中した。地方から大都市へと人口が流出し，地方の縁辺部では過疎化が進むようになった。1960年頃から始まるエネルギー革命によって産炭地域では炭鉱の閉山が相次ぎ，炭鉱離職者の多くは大都市への移住を余儀なくされた。一方工業地帯では公害問題が多発し，富山県神通川流域のイタイイタイ病，熊本県水俣湾の水俣病，新潟県阿賀野川流域の新潟水俣病，三重県の四日市ぜんそくという四大公害訴訟が大きな社会問題となった。

1973年の第一次オイルショック，ドルショックを契機として日本経済の成長率は鈍化し，高度成長から安定成長の時代へと突入した。第一次オイルショック以降，日本の企業は省エネを推進し，鉄鋼や造船，石油化学などの重厚長大産業から自動車や機械，電気製品，半導体などのハイテク産業へと産業構造の転換が進んだ。1970年代後半には円安ドル高の影響もあって，輸出が急激に増大した。また国内市場では，サービス化やソフト化が進行し，情報処理産業やレジャー産業など第三次産業の比重が高まっていった。1985年のプラザ合意後に円高が進んだことで日本経済は不況に見舞われ，日銀は低金利政策を実施してその対策に乗り出した。その結果，金融緩和によって地価・株価が高騰し始め，バブル景気が発生した。日本企業は，円高を背景にして海外の資産を取得したり海外企業を買収するようになった。その後，資産価格急上昇によるひずみや，政府・日銀による金融引き締め策によって地価や株価は暴落しバブルは崩壊した。バブル崩壊後，政府の税収は落ち込み，かつてないほどの高い失業率を経験することになる。政府は，政府の公共投資の拡大によるケインズ主義的な景気対策を推進したが，1997年のアジア通貨危機や2008年のリーマンショックもあって，経済は低迷状態を続けた。その結果，実質賃金は低下し，政府の金融緩和政策もあって，消費者物価の下落が慢性化するデフレ経済に陥った。

■ 1-2 大都市への転入人口

ここでは，戦後における農村から大都市への人口集中の流れを，戦後日本の経済発展と関連させながら考察する。図2-1は，1888年から2009年における三大都市

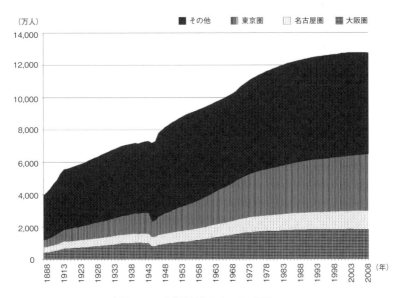

**図 2-1　三大都市圏と日本の人口推移**
(資料：総務省統計局『日本の長期統計系列　第 2 章人口・世帯』)

注：東京圏は，東京都，神奈川県，千葉県，埼玉県，名古屋圏は，愛知県，岐阜県，三重県，大阪圏は，大阪府，京都府，兵庫県，奈良県。

圏の人口増加と日本全体の人口の推移を示したものである。図に示すように，1946年には全国の人口のうち三大都市圏の人口は 33.0％を占めるにすぎなかったものが，2009 年には 50.9％を占めるに至っている。

図 2-2 は，三大都市圏の転入超過数の推移を示したものである。上で述べたような日本の経済成長の過程と大都市への転入超過数の推移は，かなり整合的である。高度経済成長の前半には，地方から大都市へと中卒の新規学卒者が移動した。その当時，大都市圏では高校進学率が上昇しつつあったが，地方では農業以外の雇用機会が乏しく貧しかったために依然として高校進学率は低かった。また，大都市圏では中小下請の町工場で働く工員や職人，零細な小売業や飲食店の店員などが人手不足の状態にあり，地方出身の中卒者を貴重な戦力として雇い入れた。そのため彼らは，「金の卵」と呼ばれて日本の高度経済成長を支える労働力となった。中学校を卒業する際には，学校や職安を通じた新卒一括採用システムが確立していたため，大都市の求人側が全国に採用活動を広げることができた影響も大きい（中澤 2014a）。こうして，地方から大都市へと新卒者を一括して送り出す集団就職システムを通じ

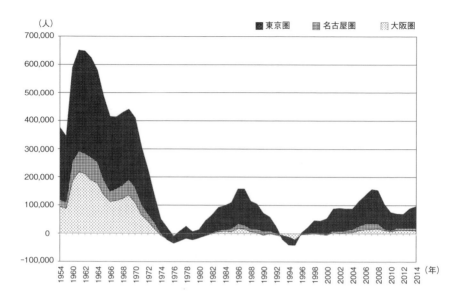

図 2-2 三大都市圏の転入超過数の推移
(資料：国立社会保障・人口問題研究所『人口統計資料 2016 年版』)
注：東京圏は，東京都，神奈川県，千葉県，埼玉県，名古屋圏は，愛知県，岐阜県，三重県，大阪圏は，大阪府，京都府，兵庫県，奈良県。

て，地方圏から大都市圏へと大量の若者が就職移動した。

　大都市で就職した若者は，低賃金で長期間働くブルーカラー（製造業・建設業）の労働者となり，技術を習得し高度な技能をもつ職人へと成長するだろうという期待をもって迎え入れられた。成績が優秀な若者を獲得するために，定時制高校・通信制高校への進学をアピールする職場も多かったものの，仕事は単純労働であったことや仕事と学業の両立が難しいことから，定時制高校を退学したり，仕事を辞めて帰郷する若者も多かった。

　図 2-2 が示すように，第一次オイルショックによって日本経済の成長が鈍化すると，大都市圏の転入超過は急激に減少した。その理由として，経済の停滞によって大都市圏での求人が減少したことに加えて，地方圏でも所得の上昇によって高校進学率が上昇したこと，賃金上昇によって製造業はオートメーション化を進めたため，より高度な技能をもつ高卒者へと求人がシフトしていったこと，製造業の地方分散によって地方での就業機会が拡大したこと，潜在的な移動者となるコーホートが少産少死世代に移行したため（優生保護法の影響が大きい）地方の労働力プールそのも

のが縮小したこと，などが挙げられる．

ここで留意しておきたいのは，こうした地方から大都市への大量の労働力供給が存在したために，ドイツやフランスなどのように戦後の経済発展の過程で外国人労働力を受け入れることがなかったという事実である．日本社会が労働力不足を補うために外国人労働力を受け入れるようになったのは，バブル経済によって労働力不足が深刻化したことへの対応として，1990年の入管法改正による日系ブラジル人の受け入れや，1993年の技能実習制度の導入が始まって以降である．言い換えれば，日本の高度経済を支えた1つの要因として，農村から大量の若年労働力が供給されたことがあるといえる．

1973年のオイルショック以降，日本経済が低迷すると大都市圏の転入超過は低下したが，1980年代に入り再び増加傾向に入る．しかし，転入超過は大阪圏や名古屋圏では小さく，東京圏だけが大幅な転入超過を記録する「東京一極集中」の傾向が顕著となった．東京一極集中が進んだ背景としては，日本経済のサービス化，グローバル化が進展したことにある．産業構造が高度化するにつれて対事業所サービスの重要性が高まり，金融保険業や情報サービス業などが本社機能の集中する東京圏に集積する傾向を強めたからである．いわゆる対事業所サービスの拡大は，東京大都市圏への集中を強める結果となった．

バブル経済が崩壊して以降，再び大都市圏への転入超過は減少するが，2000年代に入って東京圏への転入増加が増え始める．しかし，リーマンショック以降，再び転入は減少した．

### ■ 1-3 人口の大都市集中と住宅政策

第二次大戦後の大都市圏における転入超過は，膨大な住宅需要を生み出した．政府もこれに対応するための政策誘導を行ったが，その根幹は「住宅政策の三本柱」と呼ばれている（平山2009）．住宅政策の三本柱とは，(1) 自力で住宅建設が可能な比較的裕福な階層に対して住宅建設のための住宅金融公庫による長期・低利な住宅資金の貸し付け，(2) 政府の援助を受けた地方自治体による低所得者向けの公営住宅の供給（一定の所得以下でないと入居が認められない），(3) 一定水準以上の所得階層を対象とした日本住宅公団による住宅供給（当初は賃貸住宅だけだったが，のちに分譲住宅にも拡大される），である．しかし，その中心は住宅金融公庫を通じた持家推進策であり，低所得者向けの住宅施策は残余的であった．

平山（2009）は，戦後における日本の住宅政策を4つの段階に整理している．第1

段階は，1950年代〜1970年代初頭の社会政策としての住宅政策の時期であり，戦時中の空襲によって都市の住宅ストックが焼失したため，全国的な住宅供給不足が大きな課題であった。そこで政府は，1950年代に住宅政策の3本柱を整備して住宅を大量に供給する体制を整備した。その際，標準的なライフコースを重視して，中間層世帯による持家取得の推進に力を入れる社会政策的な住宅政策が採用された。第2段階は，1970年代初頭〜1990年代半ばの経済政策としての住宅政策の時期である。第一次オイルショックを経て住宅政策の性質が大きく転換し，景気対策の一環として持家取得を促進するために住宅金融公庫の融資が大幅に拡大された。これ以降，第二次オイルショック，プラザ合意後の円高不況，バブル崩壊後の不況，そしてリーマンショック後の不況など，不況時に国内の景気を刺激するために住宅金融を緩和して持家取得を促進する政策が繰り返された。いわゆるハーヴェイのいう「資本の第二の回路」である（ハーヴェイ 1989; 1991）。また企業による福利厚生の一環として，独身寮や社宅の整備，持家取得奨励のための社内預金が導入されるなど，職場単位で持家取得を奨励する日本型福祉が深化した。第3段階は，1990年代半ば以降の住宅政策の市場化の時期である。政府の住宅政策は次第に市場主義的な政策に転換し，住宅金融公庫が廃止されることによって，住宅ローンの供給は民間金融機関が担うことになった。さらに，公営住宅の縮小が行われ，日本住宅公団は1981年に住宅・都市整備公団，1999年に都市基盤整備公団，2004年には都市再生機構へと次第に機能を縮小していった。日本型福祉として住宅政策を担ってきた民間企業も，バブル崩壊後のコスト削減策として家賃補助や社宅・独身寮供給を縮小させていった。そして第4段階が，少子高齢化，人口減少の時代に突入した現在である。近年では空き家問題が深刻化し，貧富の差の拡大によって公営住宅には所得の低い高齢者が滞留化している。

平山（2009）はさらに，こうした日本の住宅政策が二層からなる構造をもつと主張する。つまり，住宅政策の主眼は中間層にあり低所得者層は残余的な位置に置かれていたこと，持家取得を推奨する政策が中心であり借家にはほとんど配慮されていなかったこと，規範的なライフスタイルをもつ人々（子どもをもつ世帯）を主なターゲットにした住宅政策であり，これから逸脱した人々（単身者，離別者，低所得者，外国人など）は重視されなかったこと，である。

こうした住宅政策によって，高度成長期には大都市郊外に比較的均質な住宅地が開発されていった。表2-1は，東京大都市圏における主なニュータウンを示している。1960年代後半から1970年代にかけて，膨大な転入超過人口によって引き起こ

表2-1 東京大都市圏の主なニュータウン (出典:佐藤 2010: 48)

| | 着工年 | 面積 (ha) | 人口 (人) | 事業主体 |
|---|---|---|---|---|
| 多摩ニュータウン | 1966 | 2,892 | 205,000 | 東京都,東京都住宅公社,日本住宅公団 |
| 高島平 | 1966 | 332 | 53,000 | 日本住宅公団 |
| 港北ニュータウン | 1974 | 1,316 | 108,700 | 日本住宅公団 |
| 洋光台・港南台 | 1966 | 507 | 56,900 | 日本住宅公団 |
| 能見台 | 1978 | 180 | 10,100 | 京浜急行電鉄（株） |
| 湘南ライフタウン | 1972 | 378 | 32,659 | 藤沢市 |
| 成田ニュータウン | 1968 | 483 | 33,300 | 千葉県 |
| ユーカリが丘 | 1977 | 150 | 13,000 | 山万（株） |
| 海浜ニュータウン | 1968 | 1,460 | 134,500 | 千葉県企業庁 |
| 千葉ニュータウン | 1969 | 1,933 | 75,800 | 日本住宅公団,千葉県 |
| 浦安 | 1971 | 367 | 15,400 | 千葉県企業庁 |
| 竜ヶ崎ニュータウン | 1977 | 672 | 25,600 | 日本住宅公団 |
| 鳩山ニュータウン | 1974 | 140 | 9,500 | 日本新都市開発（株） |

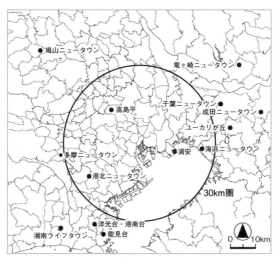

図2-3 東京大都市圏内における主なニュータウンの分布
(出典:佐藤（2010: 48）の図Ⅱ.11.1をもとに作成)

された住宅需要に応えるために，都心から20-40kmの郊外に日本住宅公団や自治体によってニュータウンが建設された．図2-3は，東京大都市圏の主なニュータウンの分布を示している．ニュータウンは，郊外でも未利用地が比較的多かった丘陵地を利用して建設された．都心から20-40kmという遠距離に位置しているにもか

図2-4 歩車が分離された多摩ニュータウンの景観（2011年，筆者撮影）

かわらず，多くの居住者は都心やその周辺の職場に通勤していた。こうした遠距離通勤を可能にしたのは，日本の大都市に特徴的な私鉄郊外電車の存在であった。

公団の集合住宅やニュータウンの戸建住宅では，椅子やテーブルなど新しい生活様式が主流となり，DK（ダイニングキッチン）が卓袱台に取って代わり，ユニットバス，ステンレス流し台も備わっていた。そして，住宅の大量生産を可能にするプレハブ住宅も広まった。多摩ニュータウンや千里ニュータウンなどの大規模開発では，ラドバーン方式に基づいた歩車分離が設計され，近隣住区理論に基づいて商業施設やコミュニティ施設が住区の中央に配置されるなど，欧米の近代都市計画手法が取り入れられた（図2-4）。

■ 1-4 バブル崩壊後の住宅政策の変容

高度経済成長を背景として，人々がライフコースに沿って住居を変えていくさまは住宅双六と呼ばれている（中澤 2014b）。住宅双六で描かれている人々の住宅の履歴は，学校を卒業したのち就職し，年功賃金の下で次第に賃金が上昇し，結婚して子どもを育て，それに合わせて賃貸住宅を出て持家を取得するというライフコースを念頭に置いていた。実際，政府統計や試算において（言い換えれば政策目標において），夫婦と子ども2人からなる標準世帯が想定されてきたのである。ここでいう夫婦とは，会社員の夫と専業主婦の妻からなる夫婦であり，旧総理府の1969年の家計調査では，有業者は世帯主1人だけと定義されている。そして実際に，1960年代

以降は4人家族が急激に増え，子どもの数は2人が主流になり，既婚女性に占める専業主婦の割合も1975年頃まで上昇し続けた。低成長の時代に入ると，労働力不足から主婦のパート勤務が増大し，次第に共働き世帯が増えるようになった。

1990年代初頭のバブル崩壊後には若年失業率が上昇し，また非正規雇用が増大していった。とくに就職氷河期に労働市場に参入したコーホートは，正規職に就けなかった場合，非正規職を転々とせざるを得ない状況に置かれた。その一方，前項で述べたように，日本経済の低迷によって住宅政策の三本柱も変質していった。中澤（2006）によれば，住宅政策の三本柱は次のように変質していった。低所得者向けの公営住宅に関しては，入居基準の厳格化が行われ，これまで以上に低所得者だけしか入居が認められなくなった。さらに，自治体財政が悪化するにともなって公営住宅の新規建設は減少し，老朽化した公営住宅の廃止も法改正によって容易となった。それまで公団住宅を供給してきた日本住宅公団は，1981年に住宅・都市整備公団へと名称変更し，さらにバブル崩壊後には住宅需要が低迷したため，分譲住宅事業から撤退して賃貸住宅の維持管理業務に専念することとなった。住宅金融公庫は，バブル崩壊後も国内需要を喚起する手段として重要な役割を果たしてきたが，小泉政権（2001-2006年）になると銀行などへの民業圧迫になるという理由から廃止となった。その結果，日本における住宅供給および住宅金融はその大部分を民間が担うことになり，公的部門による供給は低所得者向けの公営住宅だけとなってしまった。

住宅政策は，われわれの人生においてきわめて重要な問題であるにもかかわらず，その供給を市場原理に完全に委ねてしまっている現状に対して，平山（2009）は，住宅研究が社会保障の研究から切り離されていることに原因があると主張している。確かに，彼の主張には賛同できる点が多い。たとえば，住宅政策の三本柱が切り崩されている時期は，バブル崩壊後に若年失業率が高まり，非正規雇用に就く若者が増大した時期とも重なる。この時期には，ニート，フリーターという流行語が巷間を賑わせた。低賃金で雇用が不安定な非正規職に就く若者は，親からの経済的な自立が難しく，それゆえ結婚が難しいことを指摘する研究が行われてきた（山田1999）。しかし，公営住宅に対する所得制限の厳格化，およびそれにともなう新規入居の難しさ，あるいは賃貸公団住宅の縮小によって，親から独立して居を構えようとする若年層にとって廉価で手ごろな賃貸住宅にアクセスすることが困難になったために，世帯内単身者が増えている可能性もある。第3章で詳しく述べるように，1990年代後半から始まった労働市場改革は，他の年齢層に比べて若年層に強い犠牲を強いるものであり，住宅政策の転換は，若年層が経済的に親から独立して居

を構えることを困難にしたといえる。

　これと裏腹な関係にあるのが，公営住宅における高齢者・低所得者層の滞留である。公営住宅の供給量が減少し，入居資格の条件が厳しくなった際に，すでに入居している低所得の中高年層が継続して住み続けることは容易であるのに対して，新しく入居を希望する低所得の若年層が公営住宅に住むことは難しくなる。バブルが崩壊して以降，若年失業率が上昇し，非正規雇用に就く若年者が急増したため，若年層にとって公営住宅のニーズは高まったはずである。一方で，公営住宅には次第に高齢者世帯，ひとり親世帯，障害者などが集積し滞留する現象が生じている（由井 1993; 1996; 1998）。これはハウジング・トラップ（住宅の罠）と呼ばれ，政府の住宅政策によって特定の社会階層の人々が特定の住区・住棟に集積する現象を指す。あるいは，新自由主義の流れの中で政府が福祉のサービス供給を担う役割を縮小させ，市場原理によって提供が不可能な階層に対してのみ公的部門が供給責任を負うようになるという意味で，公営住宅の残余化とも呼ばれる。

## 2　居住地移動

### ■ 2-1　住居移動のパターン

　前節では，高度経済成長にともなって地方圏から大都市圏へと多くの人々が移動したプロセスについて考察した。地方圏から大都市圏へと流入した中卒・高卒の新規学卒者は，寮・寄宿舎→木造アパート→公団・公社アパート→民間マンション→戸建持家住宅という住宅双六の階梯を上昇していくと模式化される。平山（2009）のいう住宅政策の三本柱のうち，未婚で収入が低い時期には第3の柱である公団・公社アパートに入居し，結婚して収入が安定するようになると戸建住宅購入のために第1の柱である住宅金融公庫から融資を受ける（民間マンションも住宅金融公庫の融資を受けていることが多かった）。

　こうした居住地の移動を団塊の世代による人口移動に当てはめて描き直すと，次のようになるだろう。地方圏で生まれ育った若者は，中学校・高校を卒業するまでは自宅から近くの学校に通い，卒業後に集団就職列車に乗って大都市のインナーエリアにある中小零細企業（町工場や飲食・小売業）に就職する。これには，地方圏から大都市圏への長距離の住居移動をともなう。インナーエリアにある職場は長時間労働で賃金が低く，職場や都市の環境に馴染めずに故郷に帰る若者も多かった。慣れない大都市の環境の中で職場や地域に慣れ親しむと，次第に人間関係が拡大して

結婚することになる。しかし賃金はまだ安いため、家賃の安い木造アパートに新居を構えることになる。その際にも転居が起きるが、職場を変えない限り近距離の移動にとどまるだろう。そして運よく抽選に当たれば、近代的な設備が備わった公団・公社のアパートに入居することができる。子どもが生まれて世帯の人数が多くなるにつれて賃金も少しずつ上昇し、住宅金融公庫の融資を受けて念願の戸建住宅を購入することになる。戸建住宅は、インナーエリアからは少し離れた郊外での供給がほとんどであるため、同じ大都市圏内でやや長距離の転居をすることになる。川口（1997）や谷（1997）は、大都市郊外の戸建住宅に住む人々の居住経歴について調査を行い、地方から大都市に流入した人々は地方圏→大都市の中心市→郊外という居住経歴を示す傾向があることを明らかにした。

では、戦後生まれの人々のライフコースにおいて、転居をともなう移動は実際にどのように生じているのだろうか。居住地移動に関する実際のデータに基づいて、この点を明らかにしてみよう。

図2-5は戦後における移動率（人口に占める移動者数の割合）を示したものである。この図から、第一次オイルショックが起きる1973年頃までは高い移動率であったが、低成長時代に入ると移動率は低下したことがわかる。移動率低下の理由として、日

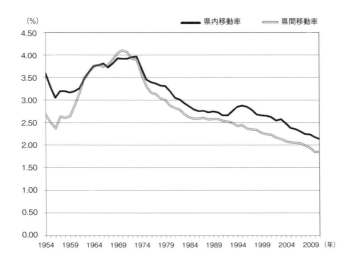

図2-5　戦後における人口移動率（1954-2011年）
（出典：総務省統計局『住民基本台帳人口移動報告』）
注：同一市区町村内での移動は含まれていない。

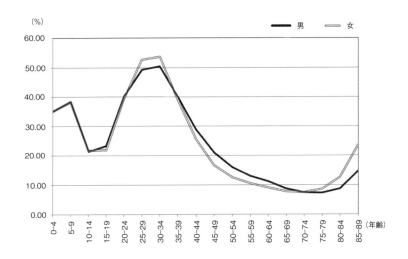

図 2-6　男女別・年齢別の居住地が 5 年前と異なる人の割合
（出典：総務省統計局『平成 22 年国勢調査』）

本全体の成長率が鈍化したことに加えて，高度経済成長の過程で製造業が大都市圏から地方圏へと工場を分散させたこと，景気対策として建設業などの公共投資が積極的に行われるようになり，大都市圏と地方の所得格差が縮小したことなどが考えられる．その一方，第一次オイルショック後に県内移動率が県間移動率を上回るようになり，バブル崩壊後にはその差がさらに拡大している点も注目される．

　図 2-6 は，男女別・年齢別の居住地が 5 年前と異なる人の割合を示したものである．この図は国勢調査のデータに基づくものであり，同一市区町村内での移動も含まれている点に注意する必要がある．移動の割合を年齢別にみてみると，30-34 歳で最も高く，男女とも 50％を超えている．つまり，30-34 歳の年齢層の人は半数以上が直近の 5 年間で転居しているのである．次いで，25-29 歳，35-39 歳となっている．25-29 歳，30-34 歳の年齢層では，女性の移動率が男性よりも高くなっている．これは，結婚に際して移動する割合が男性よりも女性の方が高いことに起因する．15-19 歳，20-24 歳の年齢層では，男女差がほとんどみられない．この年齢層は，進学・就職による移動を経験する年齢層であるが，進学・就職に際して移動率の男女差はほぼみられないといえるだろう．移動前の住所を男女別にみてみると（図2-7），男性については 18-29 歳の年齢層では「他県」が「自市区町村及び自市内他区」「県内他市区町村」を上回っている．女性については，「他県」が「自市区町

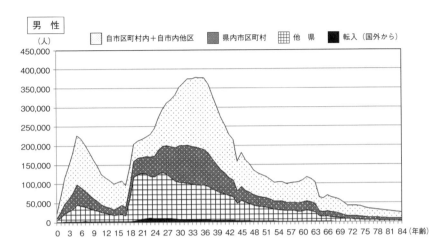

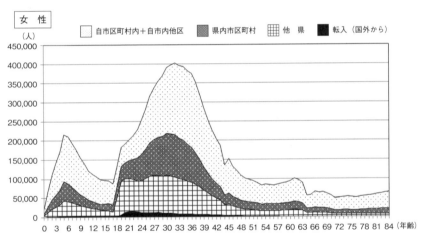

図 2-7　男女別・年齢別の移動者の 5 年前の住地　(出典：総務省統計局『平成 22 年国勢調査』)

村及び自市内他区」「県内他市区町村」を上回っているのは 18-23 歳の年齢層のみであり，このことは，男性の方が県をまたいだ遠距離の移動が多いことを意味している。女性の場合，「他県」からの移動者は 35 歳から急激に減少しているが，男性の場合，「他県」からの移動者は 26 歳をピークにして 65 歳までなだらかに低下している。これは，男性の方が単身赴任による移動者が多いためと推察される。

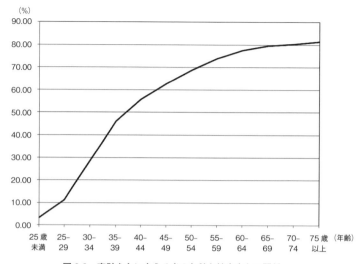

**図 2-8　家計を主に支える者の年齢と持家率との関係**
（出典：総務省統計局『平成 25 年版　住宅・土地統計調査』）

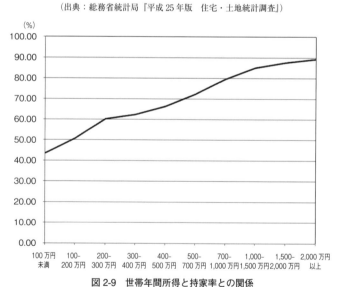

**図 2-9　世帯年間所得と持家率との関係**
（出典：総務省統計局『平成 25 年版　住宅・土地統計調査』）

　図 2-8，図 2-9 は，持家率と世帯の年収，および主に家計を支える者の年齢との関係を示している。住宅双六に示されるような年齢・所得の上昇につれて持家率が上

昇する傾向を明確に読み取ることができる。住宅が純粋に私的財であるならば問題はないだろうが，住まいは基本的人権の1つでもあるため，市場原理が貫徹した住宅市場が望ましいとはいえない。

　高齢者の高い持家率は，転居が少ないこととも関係している。すなわち，欧米とは異なり，日本では高齢者の移動率は依然として低い傾向がみられ，男女別に比較すると，女性の方が「自市区町村及び自市内他区」の近距離移動をする人が多い。これは，夫の死別後に老人ホームなどの高齢者施設や子どもの家に移動する人が多いことを示しているものと思われる。子どもが巣立った高齢者にとって，これまで住み続けてきた住宅は広すぎて不便である。しかし定年後の年金生活に不安を感じる高齢者にとっては住宅や土地を持ち続けることは資産としての意味をもっている。ただし，バブル崩壊後には地価が下落し，人口減少時代に突入したため，実際には資産保有の意味は薄れている。

　こうした高齢者の人口移動に関する地理学の研究動向は，田原・岩垂（1999）で手際よく整理されている。平井（2007）では，近年の高齢者による移動に着目した分析結果が報告されている。近年政府は，地方創生戦略の一環として大都市から地方への高齢者の移住を推進している。いわゆる CCRC（Continuing Care Retirement Community：継続介護付き高齢者コミュニティ）の構想である。政府が CCRC を推進する理由は，団塊の世代が後期高齢者に達する 2025 年頃に，大都市で要介護の高齢者が急激に増えると予想されるからである。地価の高い大都市では，高齢者向け特別養護老人ホーム，有料老人ホーム，サービス付き高齢者住宅などの施設を整備するにはコストがかさむため，政府は高齢者が自宅に住み続けることを可能にする地域包括ケアシステムの拡充に力を入れている。日本版 CCRC は，こうした在宅ケア推進の動きと連動した施策である。ただ，高齢者の持家率が高い理由として資産保有の意味が大きいことを考えれば，多くの高齢者が土地や住宅を売却して地方に移り住むとは考えにくい。おそらく，大都市から地方に移住する高齢者は，安定した年金収入が得られる恵まれた人たちに限られるだろう。

### ■ 2-2　人口還流現象

　地方から大都市へ移動した人が再び地方に戻る現象は，人口還流（U ターン）現象と呼ばれる。人口還流現象は，高齢者だけにみられるものではない。高度成長期に地方から大都市へと集団就職で移動した若者の中にも，都市での新しい生活に馴染めなかったり単純労働の仕事に嫌気がさしたりして，数年後には地元に舞い戻っ

た人々もかなりいた。しかし，人口還流現象が脚光を浴びるようになったのは，第一次オイルショック後に大都市圏が転入超過から転出超過に転じ，「地方の時代」ともてはやされた時期であった。しかし，実際にどれくらい人口還流現象が起きているのかを測定するのは，種々のデータの制約もあって容易ではない。

山口ら（2000）は，国立社会保障・人口問題研究所による「第3回人口移動調査」の個票データに基づいて，興味深い事実を発見している。まず，地方残留率は男性よりも女性の方が高く，大卒者よりも高卒者の方が高いことが指摘されている。第一次オイルショックを契機として地方から転出する人口が減少した原因として，出生率の低下によってコーホートに占める長男の割合が高まったことや，製造業の地方分散が進んだために大都市と地方の就業機会の格差が縮小したことが挙げられている。さらにUターンがどのように発生するのかを検討した江崎ら（2000）は，地方出身者が大都市で就職して数年後という短い時期にUターンが起きやすいことや，大都市への流入後10年を過ぎると結婚を経験する人が増えて世帯規模が大きくなるため還流を抑止する効果をもつことを明らかにしている。

これらの研究は，大都市圏内における世帯形成後の転居による人口移動の研究とともに，大都市圏と地方において人口移動が発生するメカニズムを解明するのに大きく貢献してきた。こうした人口移動によって，現在の日本の都市が成長し，あるいは衰退の道をたどったプロセスが解明されてきたといえる。

### ■ 2-3　人口の都心回帰と都市の発展段階モデル

高度経済成長の時代に地方から大都市に大量の人口が流入したことで，日本の三大都市圏は急激に拡大していった。2000年代に入ると日本全体の人口が減少に転じ，都市の発展段階に関する議論が注目を集めるようになった。クラッセンらは，中心都市と郊外の人口を指標として，その増減の傾向から都市の発展を連続した段階としてとらえようとした。

表2-2は，クラッセンらによる都市の発展段階モデルを示している。第I段階では，人口や企業が中心都市に集中し，交通混雑や大気汚染などの過密問題が発生する。第II段階では，過密問題から人口や企業は郊外に移転し始めるが，都市圏の外側からの人口流入がそれを上回るため，中心市の人口は増加を続ける。第III段階の後期郊外化の時期には，人口の郊外流出が流入を上回るようになり，中心市の人口は減少に転じる。第IV段階の逆都市化になると，中心都市からの人口や企業の郊外への流出が激化し，中心市は空洞化するようになる。また，都市圏全体の人口も減

表 2-2　クラッセンらの都市の発展段階モデル（出典：富田 2014: 139）

| 段　階 | 名　　称 | 中心都市 | 郊　　外 | 都市圏（全体） |
|---|---|---|---|---|
| Ⅰ | 都市化 | ++ | + | ++ |
| Ⅱ | 前期郊外化 | + | ++ | ++ |
| Ⅲ | 後期郊外化 | − | ++ | ++ |
| Ⅳ | 逆都市化 | − | + | − |
| Ⅴ | 再都市化 | + | − | − |

少に転じる。第Ⅴ段階の再都市化は，都心部で再開発が進むことによって，郊外の人口が減少に転じ，中心都市の人口は再び増加するようになる。こうした都市の発展段階モデルは，日本の大都市圏の成長プロセスに比較的うまく適合しており，多くの人々に受け入れられている。とりわけバブル崩壊後に地価が下落したことで，都心周辺にマンションが建設されるようになり，人口の都心回帰の動きが明瞭となった現象は，都市の発展段階モデルと整合的であった（久保・由井 2011）。

◆調べてみよう
あなたの近くにある公営住宅の居住者と民間アパート・マンションの居住者の年齢分布や家族構成の違いを調べてみよう。

◆考えてみよう
東京大都市圏で郊外から都心に回帰した人たちは，どんな住宅に住んでいるのだろうか。また，大都市圏と地方に住む人たちの間では，居住地移動の頻度にどんな違いがみられるのか考えてみよう。

● 第2章 参考文献

江崎雄治・荒井良雄・川口太郎 2000. 地方圏出身者の還流移動―長野県および宮崎県出身者の事例. 人文地理, 52: 190-203.
川口太郎 1997. 郊外世帯の住居移動に関する分析―埼玉県川越市における事例. 地理学評論, 70A: 108-118.
久保倫子・由井義通 2011. 東京都心部におけるマンション供給の多様化―コンパクトマンションの供給戦略に着目して. 地理学評論, 84: 460-472.
佐藤英人 2010. 多摩地域における郊外住宅地の変容. 富田和暁・藤井　正編『新版　図説　大都市圏』48-49. 古今書院.
谷　謙二 1997. 大都市郊外住民の居住経歴に関する分析―高蔵寺ニュータウン戸建住宅居住者の事例. 地理学評論, 70: 263-286.
田原裕子・岩垂雅子 1999. 高齢者はどこへ移動するか―高齢者の居住地移動研究の動向と移動流. 東京大学人文地理学研究, 13: 1-53.
富田和暁 2014. 都市の発展段階モデル. 藤井　正・神谷浩夫編『よくわかる都市地理学』139. ミネルヴァ書房.
中澤高志 2006. 住宅政策改革と大都市居住の変容に関する予察―東京大都市圏を中心に. 経済地理学年報, 52: 1-18.
中澤高志 2014a. 人口の都市集中. 藤井　正・神谷浩夫編『よくわかる都市地理学』96-98. ミネルヴァ書房.
中澤高志 2014b. 住宅双六. 藤井　正・神谷浩夫編『よくわかる都市地理学』175. ミネルヴァ書房.
ハーヴェイ, D. 著　松石勝彦・水岡不二雄訳 1989.『空間編成の経済理論―資本の限界　上・下』大明堂.
ハーヴェイ, D. 著　水岡不二雄監訳 1991.『都市の資本論―都市空間編成の歴史と理論』青木書店.
平井　誠 2007. 1990年代後半における高齢者の都道府県間移動の特性. 人間科学研究年報（神奈川大学人間科学部）, 1: 117-135.
平山洋介 2009.『住宅政策のどこが問題か―「持家政策」の次を展望する』光文社.
山口　泰・荒井良雄・江崎雄治 2000. 地方圏における若年者の出身地残留傾向とその要因について. 経済地理学年報, 46-1: 43-54.
山田昌弘 1999.『パラサイト・シングルの時代』筑摩書房.
由井義通 1993. 公営住宅における居住者属性の変容―広島市を事例として. 地理学評論, 66A: 663-682.
由井義通 1996. 東京都江東区における都営住宅居住者の年齢別人口構成の変化. 季刊地理学, 48: 255-275.
由井義通 1998. 大阪市における公営住宅居住者の年齢別人口構成の変容. 人文地理, 50: 43-60.

# 第3章

# 労働の都市空間

## 1 戦後の雇用動向と近年の雇用流動化

　本章では，人々が生計を立てて暮らしていくために必要不可欠な仕事が，戦後の経済発展の中でどのように変貌してきたのか，そしてそれは現代の都市においてどのような意味をもつのかを考えてみる。

　まず，戦後日本における長期的な雇用動向をみておこう。図3-1 は，1968-2015年の失業率の推移を示している。バブル経済が崩壊する時期まで，日本の失業率は3％以下の水準にとどまっており，完全雇用が達成されていた。つまり，高度経済成長期の日本では失業率がきわめて低い水準にあり，失業問題は大きな社会問題となっていなかったことを意味している。長年にわたって低い失業率を維持してきた理

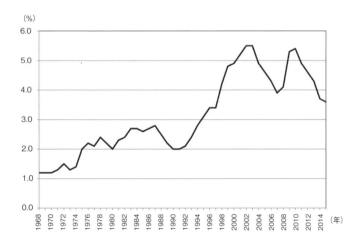

図3-1　失業率の推移（1968-2015年）（出典：総務省『労働力調査』）
注：1972年以前は沖縄県を含まない。

由として指摘されているのは，日本では福祉政策よりも雇用政策に重点を置いた社会保障が推進されてきたことである。すなわち，失業者を減らし雇用を安定させることが福祉への支出よりも優先され，そのために，産業政策が社会保障の一翼を担ってきたといえる。

　日本社会における働き方も世界的にみて特徴的であり，一般に日本的雇用慣行と呼ばれている。日本的雇用慣行の三つの柱は，年功賃金・終身雇用・企業別組合からなる。年功賃金は，主として学歴，年齢，勤続年数など労働者の属性によって賃金が決定されることを指している。第二次世界大戦中の統制経済の下で，家族を抱えて生活費がかさむ中高年の労働者に賃金を手厚く分配する生活給が多くの会社で採用されるようになる。戦後になって仕事の能力に応じて賃金を支払う職能給の要素も取り入れられたが，仕事を遂行する能力の測定は困難であるため，勤続年数や年齢とともに仕事の遂行能力も高まるとみなされることが多く，実質的には年功的な運用となっている。

　二つ目の柱である終身雇用は，終戦直後に労働争議が頻発したため，これを経験した日本の大企業は可能な限り解雇を避けるようになり，日本社会に定着していった。ただし，終身雇用という呼び方よりも長期雇用という表現の方が適切であり，長期雇用の現象は多かれ少なかれ世界の国々でも観察される。日本の雇用慣行に特徴的なのは，新規学卒一括採用や定年制度と長期雇用が結びついていることにある。そのため，毎年3月には定年に達した社員が退職し，4月には高校や大学を卒業した新入社員が会社に加わる。定年退職の制度は年功賃金と結びついており，高齢になった労働者を会社内に抱え続けるのはコスト高となるため，一定年齢を超えた社員を強制的に排出する仕組みである。

　図3-2は，OECD諸国の年齢別男女別の勤続年数を示したものである。この図から，日本の勤続年数は飛び抜けて長いわけではないことがわかる。男性の場合，確かに他の国々に比べて長い傾向がみられるが，しかし50歳以降の年齢層ではリストラの対象となって早期退職する人も多いため，他の国と比べて勤続年数が長いとはいえない。逆に女性の場合，日本はOECD諸国の中でも勤続年数が短い方である。とくに，35歳を過ぎると勤続年数が短くなっている。このことは，結婚・出産をきっかけに高校・大学卒業後に就いた仕事を退職して専業主婦となるか，あるいは子育てとの両立が容易なパート・アルバイトなど短時間勤務の仕事に就く人が多いことを意味している。それゆえ日本的雇用慣行は，主としてフルタイムで継続して働く大企業の男性労働者によって担われてきたといえよう。

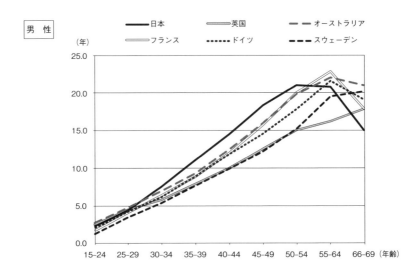

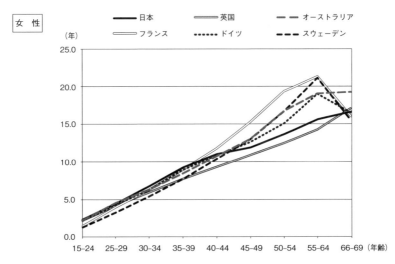

**図 3-2　OECD 諸国の年齢別男女別平均勤続年数**
(出典：厚生労働省『平成 15 年　労働経済の分析』をもとに作成)

　労働力の売手である労働者と買手である経営者との間で行われる仮想的な取引の場所は，労働市場と呼ばれる。労働市場は決して均質ではなく，さまざまな形で分断されている。分断された労働市場に関する理論としては，二重労働市場論

(Dual Labor Market Theory) が有名である。これは，日本の高度経済成長期において観察された大企業と中小企業との間に存在する労働生産性や賃金水準の格差を説明しようとする二重構造論の主張とかなり整合的である。大企業は最新の設備を導入して高い労働生産性を達成しているのに対して，中小企業は機械化が進まず低い労働生産性にとどまっている。それゆえ，大企業の労働者と中小企業の労働者の間には，生産性の格差に対応した賃金水準の格差がみられるというものである。

二重労働市場論の議論の中心にあるのは，熟練技能の養成の仕方や仕事を遂行する際に求められる能力がその会社内だけに通用するものか，それとも他の会社にも共通する普遍的なものか，という点であり，これに基づいて労働市場は内部労働市場と外部労働市場に分断されるという考え方である。

内部労働市場（一次的労働市場）とは，企業の中に独自の労働市場があるとする考え方であり，労働者は企業内で実際に仕事を経験する中で技能を高めていく（OJT：On the Job Training：日常の業務を通じた従業員教育）。そして，OJTによって高まった技能への評価は，昇進や異動あるいは昇給に反映される。そうしたプロセスの中で，労働者は会社への忠誠心を高め，転職して他の会社に移るよりも同じ会社に長く留まろうとする。年功的要素の強い賃金体系は，たとえ現在の賃金に不満があっても将来には上がるだろうという期待を労働者に抱かせるため，転職を抑止する効果がある。もし退職者が生じて空きポストが出た場合には，人事異動によって社内から適任者を選抜して充てることになる。こうして選ばれた適任者は，何年か前には新入社員として就職した人であり，社内のいろいろな部署でさまざまな仕事の経験を積むことで技能を上昇させてきた。

これに対して外部労働市場（二次的労働市場）とは，企業の外部に存在する労働市場を指し，雇い入れに際して明確に職務が決められている。そのため労働者は，勤務先の職場で教育や訓練を受ける機会に乏しく，キャリアを積むこともない。それゆえ，職場の経験年数が長くなっても賃金が上昇することはほとんどない。賃金は，職務給に基づくことになる。もし退職者が生じて空きポストが出た場合には，必要な技能や給与などの条件を明確化して，そのポストを補充する人材がハローワークや人材紹介会社を通じて雇い入れられる。

もちろんこうした区分は観念的なものであり，実際の職場がそのどちらであるかを識別するのは困難である。それでも一般的には，内部労働市場に組み入れられているのは企業で働く中核的な労働者，すなわち正社員であり，外部労働市場から雇い入れた労働者は，派遣社員や契約社員，期間工，パートなど非正規雇用の労働者

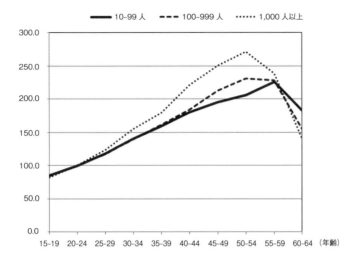

図3-3　企業規模別にみた標準労働者の賃金プロファイル（2012年，男性）
（出典：厚生労働省『賃金構造基本統計調査』）
注：20-24歳を100とした時の値。

であるといえる。前者の賃金体系は職能給に基づいており，職場での教育や訓練の機会が豊富であり，福利厚生も充実しているのに対して，後者の賃金体系は職務給に基づいており，職場での教育や訓練の機会は乏しく，福利厚生は正社員に比べると見劣りする傾向がみられる。

　日本的雇用慣行は，主として内部労働市場で働いている労働者にみられるものであり，外部労働市場に位置する労働者には当てはまらない。終身雇用（長期雇用）に関しては，正社員に比べると，派遣社員，期間工，パートは離職率が高く勤続年数は短い。年功賃金に関しては，ほとんどの会社では職能給が採用されている。しかし実際には，職能給を決めるために仕事を遂行する能力を測る際に，職場での勤続年数など年功的な要素に大きな比重を置いている。図3-3は，企業規模別にみた労働者の賃金プロファイルを示しているが，この図からも大企業ほど年齢が上がるにつれて賃金が急激に上昇することを示している。また，50-54歳のピークを過ぎると，大企業ほど賃金の低下率が大きい。

## 2 女性就業と非正規雇用の拡大

### ■ 2-1 女性就業の拡大

日本的雇用慣行では終身雇用（長期雇用）が重視されるため，女性は結婚後の出産・子育ての時期に仕事と子育ての両立が難しい状況に置かれ，仕事を辞めることが多い。そのため，政府は産休・育休を取りやすい雇用環境の整備を進め，また育休取得後の職場復帰の支援も進めている。さらに，男女共同参画事業では男性による家事・育児への参加も強く叫ばれている。近年では，女性管理職の登用も重視されるようになっている。では次に，女性の就業が実際にどんな状況にあるのかを検討してみる。

図3-4は，年齢階級別の労働力率を1985-2010年について描いたものである。日本の女性就業の特徴である「M字カーブ」は1985-2010年を通じて観察されるが，2010年のM字の谷は1985年と比べるとかなり浅くなっており，M字の谷の底となる年齢も上昇している。1985年には，M字の谷の底にあたる年齢層は30-34歳であったが，2010年には35-39歳となっている。また，25-29歳の労働力率は1985年には54.1％であったものが，2010年には77.1％まで上昇しており，高校・大学を卒業してから結婚・出産に至るまで就職して働くことが，現代日本の女性にとって一般的なライフコースとなっている。

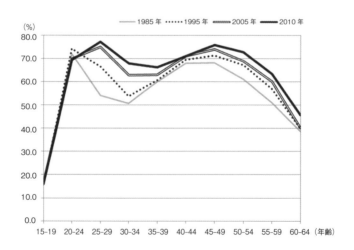

図 3-4 年齢別女性労働力率の推移 （出典：総務省『労働力調査』）

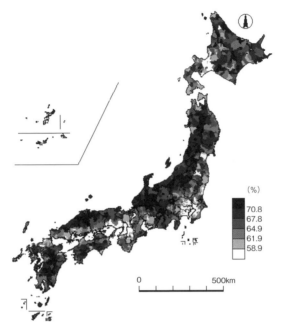

**図 3-5　市町村別の女性労働力率（2010 年）**（出典：総務省『国勢調査』）

　日本全体では働く女性が増大しているものの，そこには大きな地域差が存在する。図 3-5 は，2010 年における女性労働力率を市町村別に示したものである。東京・大阪・名古屋などの大都市圏では労働力率が低く，山形県や富山県，福井県など日本海沿いの地域で高い労働力率となっている。こうした県で女性労働力率が高いのは，三世代同居世帯が多いことや高度経済成長期に製造業の立地が進んだため，地方の中でも比較的就業機会に恵まれているからである。三世代同居であれば，同居する祖父母から家事・育児を手伝ってもらえる可能性が高いし，また，大都市圏に比べて地方の県では通勤に自動車を利用することが多く，通勤時間が短くてすむことも，家事と仕事の両立を容易にしている。

　しかし，女性労働力率が高いからといって，これらの県で管理職に就いている女性が多いわけでもない。女性労働力率の高い県では確かに正社員として働く女性の割合が高く，勤続年数も長い傾向がみられるものの，こうした県で生活する女性が二重労働市場において中核的な位置を占めているわけでもない。その原因ははっきりしないが，製造業の職場が多いことや，妻の収入は家計にとって補助的なものと

位置づけられていることなどが，可能性として考えられる。

一方大都市では，核家族世帯が多いために三世代同居家族のように祖父母から子育てや家事の支援を受けにくい状況にある。それゆえ，女性の就業継続を可能とするためには，保育サービスが重要となってくる。大都市において保育所の待機児童を解消するための施策が推進されているのは，こうした理由からである。

### ■ 2-2 非正規雇用の拡大

近年において日本の労働市場に生じているもう一つの変化は，非正規雇用の拡大である。バブル経済崩壊後，日本の企業は不況に対応するためコスト削減を推し進め，そのために正規雇用である正社員の人数を抑制し，非正規雇用の従業員（派遣労働やパート，臨時職員など）を増やす企業が増大した。また，正社員の人数を抑制する際，中高年の正社員を解雇することは難しいため，新卒者の採用を抑制するという方法が併せて用いられた。その結果，日本全体の失業率が上昇する中で，特に若年層の失業率が上昇した。図3-6に示すように，15-19歳，20-24歳，25-29歳の年齢層では，バブル経済崩壊後から失業率が急激に上昇しているものの，35歳以上の年齢層では失業率の上昇は比較的緩やかである。

バブル経済の崩壊に直面した企業は新規採用の正社員を減らす一方，労働市場の規制緩和が進んだことによって，非正規雇用の労働者とくに派遣労働者を積極的に

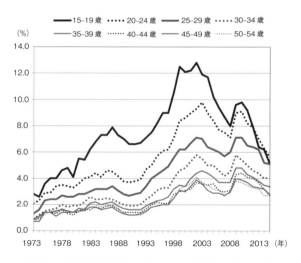

図3-6　年齢階級別失業率の推移（出典：総務省『労働力調査』）

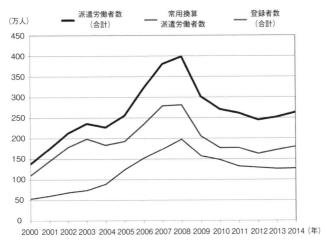

**図 3-7　派遣労働者数の推移**（出典：厚生労働省『労働者派遣業報告書集計結果』）

雇い入れるようになった。1986年に施行された労働者派遣法では，当初は労働者派遣は13業務だけに認められていたが，1996年には対象業務が26業務に拡大され，1999年には特定の業務を除いて派遣労働が原則自由化された（ネガティブリスト化）。2004年には，派遣期間が原則1年から3年へと延長され，2007年にはそれまで1年に制限されていた製造業でも派遣の期間が3年に延長された。こうした規制緩和によって，派遣労働者は急激に増加してきた（図3-7）。

　労働市場改革は，労働力のフレキシビリティをめぐる議論から説明されている。すなわち，市場の動向に機敏に対処するために，企業が労働力をフレキシブルに活用することで対処する方法である。労働力のフレキシビリティを高める方法には，雇用調整が難しい正規雇用をパートや派遣労働に切り替え，生産の変動に応じて雇用する労働力の量を調整する数量的フレキシビリティと，1人の労働者が担当する業務の範囲を広げることで，環境変化に対応する能力を高めようとする機能的フレキシビリティという二種類がある。図3-8は，二重労働市場において機能的フレキシビリティと数量的フレキシビリティが占める位置を図式化したものである。図の中心には，恵まれた労働条件や福利厚生を享受する正規職の労働者が位置し，その外側には，不安定で労働条件が劣った低賃金の非正規労働者が位置する。正規職の労働者は労働市場において中核労働者の地位を占め，フォーディズムの時代には細分化された単一の業務をこなすだけであったものが，生産を柔軟に行うために複数

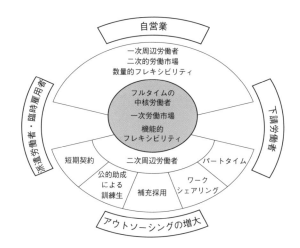

**図3-8　ネオフォーディズムにおけるフレキシブルな企業の概念モデル**
(出典：ノックス&ピンチ 2013: 30)

の業務を受け持つよう求められるようになる（機能的フレキシビリティ）。需要の変動に対応して雇用する労働力を調整することでコスト削減を図る数量的フレキシビリティは，中核労働者である正規職の労働者を削減し，パート，派遣，業務請負，臨時雇用労働者などの周辺労働者に置き換える方法である。いわゆる，雇用の非正規化である。非正規労働者である周辺労働者は，業務の繁忙期には雇い入れられ，閑散期には解雇されるのである。

　欧米の経済地理学では，日本の高度成長期に典型的にみられたような画一化された製品を安価に大量生産するフォーディズムの生産システムが行き詰まり，ネオフォーディズム（ないしポストフォーディズム）へ移行しつつあるという議論が活発に行われている。この議論においては，二重労働市場はネオフォーディズムの時代に入って新しく台頭した労働市場の様式であるとみなされているが，これまでの議論でみてきたように，日本においては戦後の経済成長の過程で露呈してきた経済の二重構造をめぐる議論と重なり合う部分が大きい。

　けれども，雇用の非正規化が生じた原因は，労働の需要側である企業の雇用戦略が変化したことだけにあるのではなく，労働供給側の変化や女性就業を取り巻く環境が変化したことにもある（坂井 2014）。一つは，先に述べたような女性就業者の増大である。結婚・子育てと両立させながら女性が就業する場合，キャリア志向の人

もいれば，家計を支えるために働く人もいる。つまり，フルタイム就業を望む人もいれば，短時間勤務を望む人もいる。短時間勤務であれば仕事へのコミットも少なく，即戦力として個人のもっている技能を発揮できる仕事に就くことができる。高齢化が進んだ結果，定年後の人生が長くなり，定年後も仕事を続けようとする高齢者も増大しているが，こうした人々についても同様のことが当てはまるだろう。もう一つの要因は，サービス経済化の進展である。クリストファーソン（2000）が指摘するように，これまでのフレキシビリティに関する研究は製造業を基礎として理論化が進められてきたが，サービス業における需要変動は週単位，1日単位の時間スケールで生じており，これに対処するため，サービス業では製造業に比べて非正規雇用の従業員を多く雇い入れている。近年ではサービス業の全国チェーン化が進み，非正規従業員の果たす役割は，以前に比べて大幅に上昇している。一般消費者向けの小売業・サービス業はもとより，医療・福祉サービス業，情報サービス業など，大きな売り上げを誇る企業は，全国に多数の店舗を配置し多くの非正規労働力を雇い入れている。

　中澤（2010a）は，労働の地理学（labor geography）は，これまで経済地理学において企業の意志決定や資本の運動を強調するあまり，労働者を受動的な存在とみなしてきたことへの批判から生まれたものであると指摘している。そして，この新しい労働の地理学は，労働者の行為を地理的な現象を発現させる独立変数として扱い，労働者の主体性を強調しつつ地域の経済現象を説明しようとするものであると主張している。労働の地理学に依拠して派遣労働者の雇い止めを考察した中澤（2010b）は，大手資本の製造業において派遣労働者が生産調整によって雇い止めとなり，この問題に対して地域社会がどのように反応したのかを分析した。対象地域である大分県は新産業都市の指定やテクノポリスの指定を受け，県外から製造業事業所の誘致を進めることで地域開発を進めてきた。そして，2004年に製造業の労働派遣が解禁されると，これら外部資本の事業所はこぞって派遣労働を受け入れるようになる。ところが，2008年末に発生したリーマンショックによって景気は急激に後退し，輸出志向のこれらの製造拠点は生産を縮小し派遣労働者を雇い止めにした。これに対処するために，地方自治体は失職した派遣労働者のために雇用創出，住宅支援を柱とする雇用対策事業を行った。しかし，このような事業に応募してきた人数は予想よりも少なく，その理由を他県からやってきた労働者が多く，地域に関与しようとする意志が弱いからだと説明している。そして，労働市場の調整の空間スケールと労働力需給の空間スケールには乖離があるため，より広い範囲（たとえば九州ブロッ

ク）でのセーフティネットを充実させることも検討すべきであると指摘している。

中澤（2010b）の分析は大分県における製造業の派遣労働者という限られたものであり，大都市の労働市場ではどうなのか，サービス業の事業所ではどうなのか，といった疑問が湧いてくる。また，労働市場の規制緩和が進む少し前には，1990年の入管法改正によって日本での就労が可能な定住者ビザを認められて流入するようになった日系ブラジル人，中国や東南アジアの技能実習生が増大しており，二重労働市場の中で日本人の派遣労働者とどのような関係にあるのか，今後さらに検討する必要があるだろう。

若者を取り巻く雇用環境が悪化した2000年に，政府は雇用対策法を改正し，地方自治体による雇用政策を努力義務規定とした。日本における雇用政策が，歴史上初めて地方自治体の政策として位置づけられたのである。しかし，中澤（2010b）の結論でも述べられているように，雇い止めを受けた派遣労働者の多くは他県にある地元に戻ることが多いため，当該の自治体だけでなく隣県と連携した広域的な雇用対策も必要となってくる。

労働市場の調整が行われる空間スケールと労働力需給の空間スケールが乖離している問題は，2003年に政府によって開始された「若者自立・挑戦プラン」にもみてとれる。その中核事業として，地域の実情に合わせて若者の能力向上と就職促進を図るために各都道府県にジョブカフェが開設され，若者に重点を置いた就業支援が行われるようになった。しかし，労働者は仕事を求めて隣接県はもちろん，東京や大阪などへと広域的に移動することもある。労働者の移動の範囲は，企業のグローバルな事業展開によって拡大しており，就職氷河期に日本で正規雇用の職をみつけられなかった若者が海外で働く事例も報告されている（阿部2015）。その一方，先に考察した女性の就業を二重労働市場論の中でどのように位置づけるべきか不明なままである。経済地理学でこれまで議論されてきた地域労働市場の概念を再考する必要があると思われる。

## 3 地方の雇用と都市の雇用

新自由主義的な労働市場の自由化が進められ，雇用の非正規化が進むと，労働力の需給調整がフレキシブルに行われるようになり，結果的にリスク社会が到来する。このリスクは，労働市場において新規参入者である若年層に特に重くのしかかることになる。これに対処するためには，セーフティネットの構築が必要であり，これ

まで主として中央政府が担ってきた雇用対策に自治体も積極的に関与することが求められるようになった。2003年に厚生労働省，経済産業省，文部科学省，内閣府が合同で策定した「若者自立・挑戦プラン」に基づいて全国の都道府県に設置されたジョブカフェは（現在は都道府県に移管），地域の実情に合った若者の能力向上と就職促進を目的として，就職支援のワンストップサービスを提供している。

中央政府と地方自治体が連携して雇用対策を進めるためには，地域の労働市場がどのような構造となっているのかを把握することが重要である。経済地理学では，地域労働市場に関するモノグラフ的な研究は多いものの，日本全体を見渡した研究は乏しい。田辺（1996）は，産業構造ではなく職業の構造を分析して都市ごとの特徴を明らかにしている点で，今後の労働の地理学を考える上で役立つだろう。そこで，田辺（1996）によって明らかにされた点をかいつまんで紹介しておきたい。

まず，企業経営者を意味する「管理的職業」の特化係数が高い都市は，中枢管理機能の高い都市とほぼ対応しており，東京23区，大阪市，札幌市，高松市，仙台市，福岡市，広島市，名古屋市といった各地域の中核となる都市である。一方，「管理的職業」の特化係数が低い都市は，「労務職」に特化した製造業中心の都市である（豊田市，勝田市，狭山市，豊川市，鈴鹿市，安城市，刈谷市など）。「事務従事者」は中枢管理機能に付随する職業であるため，「管理的職業」に特化した都市とほぼ同一である。特化係数の上位20都市のうち17都市が県庁所在都市（津市，山口市，佐賀市，松江市など）であり，地方の県庁所在都市では公務員事務職が重要な雇用となっていることを示している。

「専門的・技術的職業従事者」の比重が相対的に高い都市は，東京圏の外縁部に位置する日野市，我孫子市，鎌倉市，府中市となっており，R&Dの機能を兼ね備えた試作品工場がある都市と理解することができる。「技能工，採掘・製造・建設作業者及び労務作業者」は，単純労働の製造業従事者が多い都市とみなすことができ，上位20位以内には中京圏の都市が多数含まれている。また，北関東に位置する都市も多い。逆に，大都市圏内の都市や地方中核都市では特化係数が低く，製造業のラインで働く人の職場は，大都市圏の外延部に集中していることがわかる。

それぞれの都市（圏）における労働市場の構造を解明するためには，グローバルに事業を展開する企業の動向を見据えながら，それぞれの地域における労働市場の職業的な特性，ジェンダーやエスニシティ，それに就業支援や公共職業訓練など政府と自治体によるセーフティネット，雇用創出の施策を理解することが必要となってこよう。

◆調べてみよう

あなたの身近な職場（あなたのアルバイト先など）で働く人たちを，その雇用形態によって分類してみよう。

◆考えてみよう

高校や大学を卒業する予定の人たちや，就職後に勤務先をやめてしまった若者に対する支援の施策は，どのレベルの空間スケールで実施するのが望ましいのか考えてみよう。

● 第3章　参考文献

阿部康久 2015.「上海ドリーム」とその現実―上海における現地採用日本人若年者の移住動機とキャリア・アップの可能性. 地理科学, 70-3: 107-121.

クリストファーソン, S. 著 神谷浩夫訳 2000. アメリカのサービス化経済におけるフレキシビリティと新たな空間的分業の出現. 空間・社会・地理思想, 5: 76–89. Christopherson, S. 1989. Flexibility in the US service economy and the emerging spatial division of labour, *Transactions Institute of British Geographers NS*, 14: 131-143.

坂井素思 2014. 非正規雇用はなぜ増大するのか―内部・外部労働市場の多様化について. 社会経営ジャーナル, 2: 35-44.

田辺　裕 1996.『職業からみた人口―その地域構造と変動』大蔵省印刷局.

中澤高志 2010a.「労働の地理学」の成立とその展開. 地理学評論, 83-1: 80-103.

中澤高志 2011b. 大分県における間接雇用の展開と金融危機に伴う雇用調整の顛末. 経済地理学年報, 56-3: 136-161.

ノックス, P., & ピンチ, S. 著 川口太郎・神谷浩夫・中澤高志訳 2013.『改訂新版 都市社会地理学』古今書院. Knox, P. and Pinch, S. 2010. *Urban Social Geography: An Introduction*, 6th ed. London, Pearson Education Limited.

# 第4章

# 社会的二極化の社会地図

## 1 シカゴ学派の都市生態学

　地理学は，伝統的に類似した特性をもった地域を類型化して地域区分することが研究の流れであった。よく知られている地域区分の手法として，等質地域と機能地域がある。等質地域とは，何らかの特性に着目してよく似た特性をもった地域へとグルーピングするものである。これに対して機能地域とは，ある中心地を核として，当該の機能を媒介として結びついた地域的なまとまりのことをいう。

　都市社会を対象とする都市社会地理学は，「社会的行為」「人間社会」「社会組織」「社会関係」「社会過程」「社会システム」「社会構造」などに関して空間的な観点から考察する研究分野（堤 2004）という社会地理学の定義を都市社会に当てはめたものとみなすことができる。都市地理学では，機能地域として通勤圏や商圏などの地域区分や，等質地域として土地利用による区分や業務地域の設定などが行われている。これに対して，都市社会地理学においてより重要な意味をもつのは，都市社会における社会関係や社会組織の特性に基づいた地域区分である。

　都市社会はしばしば農村社会と対比される。都市社会の特徴に関しては，シカゴ学派都市社会学におけるワースのアーバニズム論（都市的生活様式）をめぐる議論が役立つ。ワースは，都市化が進むことによって人口規模が拡大し，人口密度が上昇し，人口集団の異質性が高まり，それは都市生活の社会心理学的特徴を生み出すと主張した。すなわち，人口密度の高い都市環境で暮らす人々は，他人に対して不愛想でよそよそしい態度をとることによって人間関係を感情的に抑制する。その結果，個人間の紐帯が弱まり，孤独や逸脱行動が増大する。

　社会関係の面では，日常的な接触を通じて相互の一体感や連帯感を共有する第一次集団（コミュニティ，ゲマインシャフトに相当：家族や友人，隣人など）が弱体化し，目的や利害に基づいて人為的に形成された第二次集団（アソシエーション，ゲゼルシ

ャフトに相当：趣味サークル，学校，企業，労働組合，政党，宗教団体，国家など）が台頭する．その結果，都市生活者の社会生活は断片化し，社会解体が進むと主張される．

　都市社会地理学は，ワースのアーバニズム論だけでなく，ワースと同じシカゴ学派社会学に分類されるパークの人間生態学の考え方からも大きな影響を受けている．人間生態学とは，都市における人間集団の相互依存関係を，動物や植物の生態学を援用することで描こうとするものである．すなわち，急成長する都市に異質な人口集団が流入することで，動植物にみられるのと同様の生存競争が発生し，生息地（居住地）をめぐる争いの結果，人口集団間で居住地の住み分け，すなわちセグリゲーション（隔離）が生じるという．動植物の生態学と異なるのは，人間生態学においては，都市内においてより有利な場所を求める人間集団間の競争では，異なる人間集団間の経済格差に起因する地代負担力によって優劣が決まることである．そして，居住地をめぐる競争で勝利を収めた人口集団が特定の地区に集中する現象，すなわち優占が生じる．優占は，植物生態学において植生遷移に登場する概念であり，新しい環境に侵入した種が次第に勢力を伸ばして優勢となった状態を指し示す．そして侵入と優占の結果，都市内にはさまざまな人間集団が優占した地区からなるモザイク状の自然地区が形成される．

　植物生態学における植生遷移から生み出された自然地区の概念は，江戸時代の藩政村に遡る長い歴史をもつ日本の自然村の概念とは異なり，それまで居住者がいなかったところに新たに形成されたシカゴのような都市にみられる人口集団のモザイクである．

　都市内の人口集団のモザイクとその時間的な変化を空間的なモデルに示したのが，バージェスの同心円モデルである（図4-1）．このモデルは，それぞれの人口集団が優占する地区の空間的な配置を示すだけでなく，都市の成長にともなって押し寄せる移民の波によって，各地区が侵入・優占・遷移のプロセスを経て変化していくことも示している．1900年頃のシカゴは，開拓が進む中西部の中心として急成長を遂げ，1890年代まで多かったドイツや北欧からの移民に代わってイタリアや東欧からの移民が増大していた．シカゴにやって来た移民の多くは，流入した当初は遷移地帯（第Ⅱ帯）に住みつく．すると，それまで遷移地帯に住んでいた古参の移民は，新しくやって来た移民集団に押し出されるように郊外の近隣（第Ⅲ帯）へと移り住む．図4-1では，ドイツ系移民がその典型である．

　都市地理学においては，シカゴ学派（都市）社会学のうちでもバージェスの同心

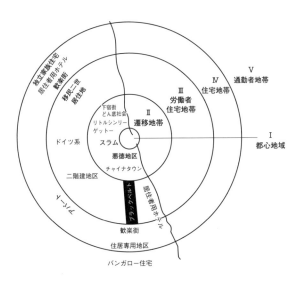

図4-1　シカゴにおけるバージェスの同心円モデル
(出典：ノックス&ピンチ（2013: 159）を改変)

円理論に関心が集まった。なぜなら，都市の空間的な配置に関心を寄せる地理学にとって，景観として観察可能な同心円モデルがシカゴ学派社会学による業績のうちで最も親近感を感じさせるからである。

## 2　都市の内部構造理論と社会地図

### ■ 2-1　都市の内部構造理論

バージェスの同心円理論と並んで都市の内部構造を説明する理論として著名なのが，ホイトの扇形理論である。ホイトは土地経済学者であり，北米の142の都市に関する調査に基づいて，都市がCBD（Central Business District：中心業務地区）を起点とした主要幹線道路に沿ってある特定の方向に成長する傾向を理論化した（図4-2）。扇形構造が生じる理由は，低地や台地，丘陵といった地形的な特徴や，河川や海岸・湖岸の存在，鉄道や幹線道路，運河など水上交通の便の違いである。そして，北米諸都市における地代（家賃）の分布の変化を調査した結果，地代の高い住宅に住む人々は都市の成長にともなって同じセクターのより外方に移動する傾向がみられることを発見した。その一方，移動に際してはできるだけ既往の居住地区の

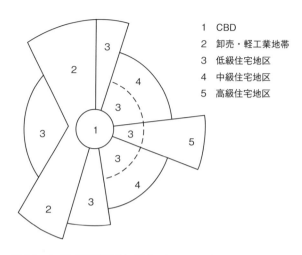

図 4-2　ホイトの扇形モデル （出典：富田 2014: 49）

近くに住もうとする傾向もみられる。こうしたプロセスを通じて同一のセクター内で断続的に外方への移動が生じるため，都市の成長は扇形的に進むこととなる。

　図 4-2 が示すように，CBD を中心として卸売・軽工業地帯，低級住宅地区，中級住宅地区，高級住宅地区がある特定の方向に分布する。その一方，都市が拡大するにつれて，それぞれの土地利用は同一セクターのより外側へと移動していくという説明は同心円モデルと類似している。

　地理学者であるハリスとウルマンの多核心モデルは，都市の構造が単一の核ではなく複数の核をもっており，同心円構造と扇形構造が組み合わさった都市空間の構造に特徴がある。現実の都市では，規模が大きくなるにつれて副都心と呼ばれる商業地区や業務地区が CBD 以外にもみられるようになることから，多核心と名づけられている。

　ただ，バージェスの同心円理論が，人間生態学に基づく人口集団のなわばりを巡る競争の結果生じた居住パターンに関する理論であったのに対して，ホイトの扇形理論やハリスとウルマンの多核心理論では人間集団への関心よりも，むしろ都市内の土地利用のパターンに力点がある。

■ 2-2　因子生態研究

　戦後になってシカゴ学派の都市生態学の研究を受け継いだのは，社会地区分析

である（Shevky and Bell 1955）。社会地区分析は，北米の都市における居住地の特性が社会的地位，都市化特性，居住地特性という3つの特性をもつという仮説を立て，それを検証するという演繹的なアプローチを採用した。実証では，3つの特性の代替指標となる変数を選定して，地区ごとの変数値を図化して地区を分類し，それを分布図で示すという方法を用いた。こうした分析が実行可能となった背景には，都市内部の地区別の統計データが整備されるようになったことがある（森川 1975）。このアプローチに対しては，あらかじめ居住地の特性を想定した変数を選ぶために恣意的であるとして，その妥当性に批判が浴びせられた。その結果，因子分析の手法を用いることで幅広い変数から似通った変動パターンを示す居住地特性を抽出する帰納的なアプローチに取って代わられるようになった（浅川 2008）。いわゆる因子生態研究である。分析の結果，北米都市の居住地特性は，第1次元である社会経済的地位，第2次元である家族的地位，第3次元であるエスニシティによって構成されることが示された。

## 3 日本の都市の因子生態

1970年代には，日本の地理学においても計量的手法が積極的に導入されるようになった。因子生態研究は，こうした日本の地理学における計量化の流れを示す典型例である。森川（1976）による福岡市と広島市の因子生態の比較研究，山口（1976）による札幌市を事例とした分析，高野（1995）による1970年と1985年の比較を通じた都市の居住地構造変動メカニズムの解明，などがその代表例である。

そこで以下では，山口（1976）による因子生態の分析結果を紹介しておこう。用いた資料は，1965年と1970年の国勢調査による居住者の属性データである。地区の単位は国勢統計区であり，これは1970年の国勢調査から設定された地区単位であり，人口1万人を基準として設定されている。小学校区に相当する空間的範囲をもつ。札幌市の場合，1970年の国勢調査では105の国勢統計区に分割されていた。札幌市は市域に広大な非都市的地域を含むため，市域のうち国勢調査のDID (Densely Inhabited District：人口集中地区）に含まれる国勢統計区だけが分析の対象とされた。その結果，実際の分析対象となったのは，DIDに含まれる84の統計区である。

変数は，シェヴキーとベル（Shevky and Bell 1955）を参照しながら，国勢調査から60の変数が選定された。表4-1は分析に用いられた60変数を示している。83地区×60変数の地理行列が主成分分析にかけられ，固有値1以上の2つの成分が抽出

された。2つの成分によって変数全体の変動の50%が説明される結果となった。

　第1成分は，0-14歳年齢人口の割合，有配偶者率，従属人口指数（0-14歳年齢人口と65歳以上人口の合計を生産年齢人口で割ったもの），親族世帯率，都心からの距離，核家族世帯の割合，1965-1969年の流入人口割合，25-39歳の年齢人口割合，雇用者率，1世帯当たり人員，1965-1970年人口増加率と高い相関を示した。つまり，最近になって札幌市の郊外に入居した人が多く，家族数の多い若年層から構成された世

表 4-1　因子生態研究に用いられた変数リストの例

（出典：山口（1976: 89-90）の Table 2 を改変）

| 01 | Distance form the city centre | 31 | Number of household members |
|---|---|---|---|
| 02 | Census tract area | 32 | Per capita tatami |
| 03 | Total population | 33 | Tatami per household |
| 04 | Density of population | 34 | Rooms per household |
| 05 | % of population aged 0-14 | 35 | Area occupied by parks |
| 06 | % of population aged 15-24 | 36 | Number of medical institutions |
| 07 | % of population aged 25-39 | 37 | % of labour force |
| 08 | % of population aged 40-54 | 38 | % of employees |
| 09 | % of population aged 55-64 | 39 | % of workers in primary industries |
| 10 | % of population aged 65 or over | 40 | % of workers in mining |
| 11 | Dependecy rate | 41 | % of workers in construction |
| 12 | Males per 100 females | 42 | % of workers in manufacturing |
| 13 | % of persons married | 43 | % of workers in retail and wholesale sales |
| 14 | Population change, 1960-65 | 44 | % of workers in finance, insurance and real estate |
| 15 | Population change, 1965-70 | 45 | % of workers in transportation and communication |
| 16 | % of residents lived since their birth | 46 | % of workers in public utilities |
| 17 | % of residents moved in 1959 or before | 47 | % of workers in servicies |
| 18 | % of residents moved in 1960-64 | 48 | % of workers in government |
| 19 | % of residents moved in 1965-69 | 49 | Numbers of workers engaged in wholesale sales |
| 20 | % of residents moved in 1969-70 | 50 | Numbers of workers engaged in retail sales |
| 21 | % of ordinary household | 51 | Numbers of workers engaged in food and drink services |
| 22 | % of single household | 52 | Numbers of woekers engaged in manufacturing |
| 23 | % of large household | 53 | % of worker in white-collar occupations |
| 24 | % of family household | 54 | % of workers in blue-collar occupations |
| 25 | % of nucleated family | 55 | % of workers in sales occupations |
| 26 | % of persons lived in owned house | 56 | % of workers in services occupations |
| 27 | % of persons lived in publicly owned house | 57 | % of persons engaged in primary school |
| 28 | % of persons lived in privately owned house | 58 | % of highschool graduates |
| 29 | % of persons lived in issued house | 59 | % of college graduates |
| 30 | % of persons lived in rented room | 60 | % of persons attending school |

帯が卓越した地区の人口特性を示している。第1成分の因子得点が高い地域は，南部の真駒内団地，東部のひばりが丘団地など，新興住宅地である。一方，第1成分と負の相関を示す変数は，1959年以前の流入人口割合，卸・小売業就業者割合，単独世帯率，65歳以上年齢人口割合，15-24歳年齢人口割合，間借者率，病院・診療所数などである。こうした属性をもつ人口集団は，都心部の人口密集地域に居住して商業に従事している職住近接の若者や高齢者といえる。こうしたことから，第1次成分は家族的地位を示すものと解釈され，その分布は同心円構造を示すことが明らかとなった（図4-3）。

　第2成分は，初等教育修了者率，ブルーカラー的職業従事者率，製造業就業者率，大規模世帯率，持家居住者率，民営借家居住者率などの変数と高い相関を示す。このことから，第2次産業に従事して持家に住むブルーカラーの人口集団を示していると推測されている。第2成分と負の相関を示す変数は，高等教育修了者率，中等教育修了者率，ホワイトカラー的職業従事者率，金融・保険・不動産業就業者率，給与住宅居住者率などであり，教育程度が高く，給与住宅に居住するホワイトカラーの人口集団を示している。第2成分の因子得点が高い地区および低い地区の空間的なパターンは，CBDを中心として異なった方向に延びており（図4-4），都市住民の社会的地位を示すものと解釈されている。

　同心円状の分布を示す第1成分の因子得点と扇形状の分布を示す第2成分の因子得点を重ね合わせた結果，図4-5のような札幌市の人口集団の社会地区が導き出

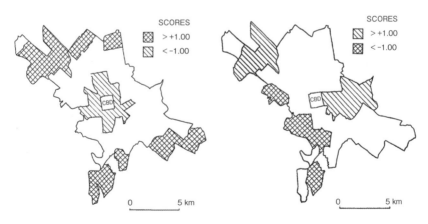

　　図4-3　札幌市の居住パターンの　　　　　図4-4　札幌市の居住パターンの
　　　第1成分の分布（出典：山口 1976: 95）　　　　第2成分の分布（出典：山口 1976: 96）

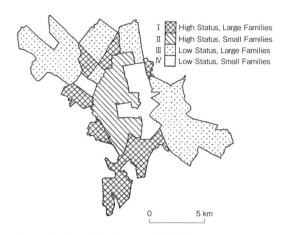

図4-5　札幌市の居住パターンの分析結果（出典：山口 1976: 100）

された。このように描かれた日本の都市の因子生態は，欧米都市の因子生態とどのように異なっているのだろうか。まず，欧米の都市に比べると日本の都市では外国人人口の割合が低いために，人口集団のモザイクを形成する要因としてエスニシティが登場していない。第2に，欧米の都市では社会経済的地位が人口集団のセグリゲーションを規定する第1の次元として登場するのに対して，日本の都市では家族的地域が第1の次元として登場しており，社会経済的地位は家族的地位よりも重要性が劣る結果となっている。しかも日本の都市の場合，所得に関するデータが入手困難なため，セグリゲーションとして認定されたのは，社会経済的地位ではなく社会的地位である。

　2000年代に入ると都市の因子生態に関する研究は下火になるが，その一方でGIS（Geographic Information System：地理情報システム）の発展によって小地域データの整備が進んだ結果，都市の人口集団の生態に関する新しい研究が芽生え始めている。国勢調査で町丁目別の小地域データが提供されるようになったことで，都市生態と深く関係する人口集団の動態を地図化して，人口集団のセグリゲーションや分布の特徴を明らかにする研究が行われている（神谷ほか 2005; 宮澤・阿部 2005）。また，GISをエリアマーケティングの分野に活用し，店舗立地の候補地周辺の人口集団の特性を分析することで，予想される需要を推測する際にも活用されている。

　日本の都市に関する因子生態研究では，エスニシティの次元は確認されなかったが，それは因子生態研究が行われた時期には，日本に在住する外国人人口が少なか

ったことに原因がある。しかし，1990年頃から日本に在住する外国人人口は急激に増加しており，エスニック・マイノリティに関する研究が活発化している。

## 4 エスニック・マイノリティの分布と同化

日本経済のグローバル化や少子高齢化による労働力不足によって，日本に在住する外国人が増加している（図4-6）。日本においてグローバル化が進んだ時期は，先進5か国蔵相中央銀行総裁会議（G5）で円安是正が合意された1985年のプラザ合意以降である。これ以降，輸出競争力が低下した日本企業は急速に生産拠点を海外に移転し，とりわけアジア諸国へ進出する企業が目立つようになった。

一方，円高によって相対的に賃金コストが上昇した企業，中でも中小企業からの要請を受け，1990年の入管法改正によって日系人に就労制限のない定住者ビザが交付されるようになった。さらに1993年には技能実習制度が導入され，中国やベトナム，インドネシアから技能実習を目的にやってくる人が急増している。その結果，1985年には約82万人だった外国人人口は，2010年には約165万人に増加している。在留外国人人口の増加によって，日本の中で学校や職場で外国生まれの隣人と接する機会が増大している。こうした国際化は「内なる国際化」と呼ばれ，日本に在住

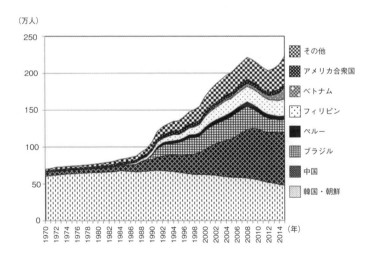

図4-6　国籍別外国人人口の推移（出典：法務省『在留外国人統計』）

する外国人向けの日本語教育の充実や子どもの教育，医療・保健・福祉分野での対応など，これまで日本人であることを前提として組み立てられてきた社会構造が外国籍住民にも開かれたものへと変化していくプロセスを指す。

外国人集住地域に関する研究では，オールドカマーと呼ばれる在日韓国・朝鮮人に関する研究が多いほか，定住者ビザをもつ日系ブラジル人などの研究も増加している（福本ほか 2015; 片岡 2005; 桐村 2013）。図 4-7 は，東京と大阪における在住外国人の分布と増加傾向を示したものである。日系ブラジル人が多く居住する地域は，群馬県や栃木県など北関東と，静岡県，岐阜県，愛知県，三重県など東海地方であり，製造業が盛んな地域に多く分布しているといえる。地理学者による研究はエスニック・マイノリティのセグリゲーションとコングリゲーション（集住化）の度合いについて検討しているものの，セグリゲーションを引き起こすメカニズムなど差別と同化の発生メカニズムに関する理論構築は遅れている。近年では，時間地理学の影響を受け，在住外国人とホスト社会である日本人との接点がどのように形成されているのかに着目した研究が登場しており（清水 1997; 片岡 2014; 福本 2002），こうした研究を基盤にして定住外国人と地域社会に関する理論化を進める必要がある。

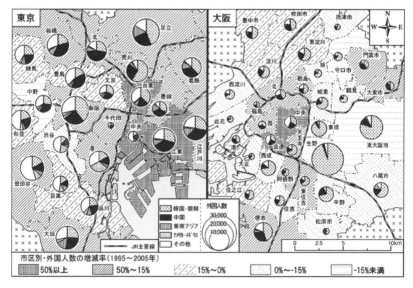

図 4-7　東京と大阪における在住外国人の分布と増減（出典：福本 2010: 294）

## 5 社会的二極化とセグリゲーション

　GISの発展に刺激された最近の都市生態研究の発展によって，エスニック・マイノリティの分野だけにとどまらず，近年増大している単身高齢者世帯やひとり親世帯など，いわゆる標準世帯（会社員の夫と専業主婦の妻からなる夫婦とその2人の子どもからなる世帯）から外れた人口集団についても研究が行われるようになった。

　こうした研究の発展を促した要因として考えられるのは，(1) 高齢化や晩婚化，離婚の増大といった人口学的変化，(2) 住宅政策への公共部門の関与の縮小，(3) バブル経済崩壊以降の非正規雇用の増大，などである。そこで，以下ではこれらの要因によって生み出された新しい人口集団の都市生態を考えてみる。

　国勢調査の家族類型別世帯数をみると，少子高齢化の進展によって世帯規模が縮小し，一人暮らしをしている単独世帯の割合が増えている。図4-8に示すように，一般世帯に占める単独世帯の割合は，1995年の25.6％から2010年には32.4％へと増大している。単独世帯の増加は，高齢者の単独世帯が増えていることに起因する部分が大きいが，結婚年齢の上昇にともなう若年単身者の増大による影響もある。ひとり親世帯や夫婦のみの世帯も増加傾向にあり，結果として夫婦と子どもから成

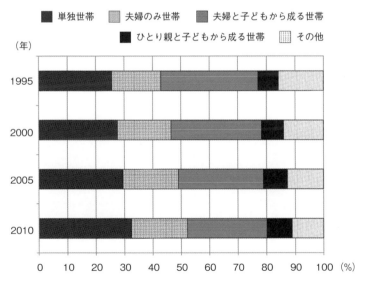

図4-8　家族類型別一般世帯数の推移（出典：総務省『国勢調査』）

る世帯の割合が低下している。これらの影響によって，一般世帯の1世帯当たり人員は，1990年の2.99人から2010年には2.42人へと低下している。

　第2章で述べたように，日本の住宅政策は持家を推奨する施策を中心に組み立てられ，夫婦のみ世帯，夫婦と子どもから成る世帯がその恩恵を受けてきたといえる。住宅政策の恩恵を受けてこなかった単独世帯やひとり親世帯であるが，高齢単独世帯はこれまでに取得した持家に住み続ける傾向がみられる。つまり，資産としての住宅所有である。一方，若年層の単独世帯は住宅政策の恩恵を受けることが少ないため，親からの独立が遅れざるを得ない。家賃水準が高い大都市圏では，地方圏に比べて若年者が親世帯から独立した世帯を構えることが難しく，親世帯との同居が多くなる（青井・中澤2014）。山田（1999）はこうした若者を「パラサイト・シングル」と名づけ，相対的に豊かな若者と位置づけていたが，山田（2004）ではむしろ社会経済的な地位が低い若者であるとの見方に転じている。

　第3章で述べたように，バブル経済崩壊後の長期間にわたる経済不況の中で企業は新規採用を抑制し，非正規雇用による採用が増大した。非正規化の影響を最も強く受けたのは若年層であり，格差問題が大きな社会問題となった（佐藤2000; 橘木2006）。格差社会の深化が都市内での人口集団のセグリゲーションに及ぼす影響は，豊田（2007; 2010）によって分析が試みられている。それによれば，東京大都市圏ではバブル経済崩壊後に都心部でマンション供給が増大したことによってホワイトカラー層は都心回帰の傾向を示すようになっており，欧米におけるジェントリフィケ

図4-9　横浜市和泉区にある県営住宅の掲示板（簡体字中国語やベトナム語，タイ語などの外国語表記は居住者が多国籍であることを意味している）（2008年，筆者撮影）

ーションに類似した現象の存在が指摘されている。その一方，住宅政策の転換によって公営住宅は残余化の度合いを強め，ひとり親世帯や東南アジアから流入した外国人移民，低所得の高齢者世帯が滞留する傾向を示している（図4-9）。

> ◆調べてみよう
> あなたが住んでいる都市の居住地域構造はどのようになっているのか，調べてみよう。

> ◆考えてみよう
> あなたの都市で暮らしている外国人は，どこの地区に集住する傾向がみられるだろうか。また，外国人の年齢，性別，家族構成，職業などについても考えてみよう。

● 第4章 参考文献

青井新之介・中澤高志 2014. 東京圏における世帯内単身者とブルーカラー従事者の空間パターンの変容—展開法の応用. E-journal GEO, 9-2: 12–32.

浅川達人 2008. 社会地区分析再考—KS法クラスター分析による2大都市圏の構造比較. 社会学評論, 59: 299–315.

片岡博美 2005. エスニック・ビジネスを拠点としたエスニックな連帯の形成—浜松市におけるブラジル人のエスニック・ビジネス利用状況をもとに. 地理学評論, 78: 387–412.

片岡博美 2014. ブラジル人は「顔の見えない」存在なのか？—2000年以降における滞日ブラジル人の生活活動の分析から. 地理学評論, 87: 367–385.

神谷浩夫・矢野桂司・足立恵子 2005. 金沢の社会地図. 金沢大学文学部論集 史学・考古学・地理学篇, 25: 193–214.

桐村 喬 2013. 居住地域構造との関係からみた東京23区における国籍別外国人集住地区の社会経済的特徴. 人文地理, 65: 29–46.

佐藤俊樹 2000.『不平等社会日本—さよなら総中流』中央公論新社.

清水昌人 1997. 外国人の生活空間行動—東京大都市地域の就学生. 経済地理学年報, 43: 59–71.

高野岳彦 1995. 札幌市における住民属性と居住地域構造の変化—1970年と1985年の比較分析. 季刊地理学, 47: 13–33.

橘木俊詔 2006.『格差社会―何が問題なのか』岩波書店.
堤　研二 2004. 社会地理学研究の系譜. 水内俊雄編『空間の社会地理』1-22. 朝倉書店.
富田和暁 2014. 都市構造論. 藤井　正・神谷浩夫編著『よくわかる都市地理学』48-50. ミネルヴァ書房.
豊田哲也 2007. 社会階層分極化と都市圏の空間構造―三大都市圏における所得格差の比較分析. 日本都市社会学会年報, 25: 5-21.
豊田哲也 2010. 大都市の地域構造と所得格差―東京特別区と大阪市の比較. 日本都市学会年報, 44: 219-226.
ノックス, P., & ピンチ, S. 著 川口太郎・神谷浩夫・中澤高志訳 2013.『改訂新版 都市社会地理学』古今書院. Knox, P. and Pinch, S. 2010. *Urban Social Geography: An Introduction*, 6th ed. London, Pearson Education Limited.
福本　拓 2002. 大阪府における在日外国人「ニューカマー」の生活空間. 地理科学, 57: 255-276.
福本　拓 2010. 東京および大阪における在日外国人の空間的セグリゲーションの変化―「オールドカマー」と「ニューカマー」間の差異に着目して. 地理学評論, 83: 288-313.
福本　拓・藤本久司・江成　幸・長尾直洋 2015. 集合的消費の変質に着目した外国人受入れ意識の分析―三重県四日市市の日系ブラジル人集住地区を事例に. 地理学評論, 88: 341-362.
宮澤　仁・阿部　隆 2005. 1990年代後半の東京都心部における人口回復と住民構成の変化―国勢調査小地域集計結果の分析から. 地理学評論, 78: 893-912.
森川　洋 1975. 都市社会地理研究の進展―社会地区分析から因子生態研究へ. 人文地理, 27: 638-666.
森川　洋 1976. 広島・福岡両市における因子生態（Factorial Ecology）の比較研究. 地理学評論, 49: 300-313.
山口岳志 1976. 札幌市の社会地域分析―因子生態学的研究. 人文科学科紀要. 人文地理学（東京大学）, 5: 83-105.
山田昌弘 1999.『パラサイト・シングルの時代』筑摩書房.
山田昌弘 2004.『パラサイト社会のゆくえ―データで読み解く日本の家族』筑摩書房.
Shevky, E. and Bell, W. 1955. *Social area analysis: Theory, illustrative application and computational procedures*. Stanford University Press.

# 第 5 章

# 流通の発展と商業空間の変容

## 1 日本における流通の発展

　都市的生活様式は，農村的生活様式と対比される。都市生活者の多くは俸給生活者である。すなわち都市とは，サラリーマンが生活する場所であり，職場で雇われて働くことで給料を得ている人々が暮らす場所である。農山村は生業的な生活に従事する人々が暮らす場所であり，農家や漁家は収穫物を市場に売り出すこともあるが，自家消費のために農業や漁業に従事していることもある。農村の生活様式は，古くをたどれば自給自足の生活であった。漁師の家では狭い農地で自給用の野菜や米を栽培し，林業で暮らす林業家も狭い耕地で自給的な農業を営んでいた。そのため現金収入は限られており，結果的に消費額も少ない傾向がみられる。

　一方，俸給生活者は労働の対価として賃金を受け取り，それを衣服や食品，家電製品など消費財の購入に充てる。それゆえ，農村の生活様式と対比した都市的な生活様式は，再生産に必要な物資の大半を家庭外から調達する生活と言い換えることができる。

　クリスタラーは都市が周辺の住民に財やサービスを供給する機能を中心機能と呼び，これを都市の本質であるとした。そして，それを出発点として，大小の中心地（都市）がその中心機能に基づく階層性をともなって，規則的に分布することを説明する中心地理論をうちたてた（クリスタラー 1969）。クリスタラーが中心機能に都市の本質を求めたのは，物質的な側面からみれば，都市的生活様式は工場や農家で生産された製品を中心地で購入することによって，はじめて維持される生活だからである。すなわち，生産と消費が分離した社会的分業の上に成り立つ生活である。

　第2章で述べたように，戦後の日本では農村から都市へと大量の人口が移動したが，人口移動によって農村的生活様式を営む人が減少し，都市的生活様式が拡大したと言い換えることもできる。高度経済成長の時代には所得の上昇にともない家計支出も拡大し，大量生産大量消費の生活様式が大衆に広がった。生産者と消費者の

空間的な分離は，流通の発展によって可能となった。そこで本章では，都市的生活様式を支える重要な産業として，流通業の発展を考える。

日本の流通は，2度の流通革命を経て大きく変貌した。第一次流通革命は，高度経済成長の時代にあたる1960年代に起きた。それ以前には，日本の小売業は中小零細の個人経営の小売店と大都市に立地する少数の百貨店による売上がそのほとんどを占めていたが，新業態であるスーパーマーケットの登場によって新しい流通経路が生み出された。それまで流通を支配していたのは，大量生産によって価格を抑えた商品を製造する大手メーカーであり，全国の消費者に向けて提供されるナショナルブランドの製品が店頭で販売された。大量生産をするメーカーから供給された商品は，卸売を経て小売店の店頭に並び，消費者がそれを購入することで家庭に届けられる。第一次流通革命を通じて成長したスーパーマーケットは，全国に多くの店舗を展開し，大量仕入れ，大量販売によって流通コストを低下させた。その結果，スーパーマーケットは低価格を武器に多くの消費者を獲得していった。さらに，メーカー主導のナショナルブランドに代わってスーパー主導のプライベートブランドの商品を開発し，メーカーから価格決定権を奪っていった。もっとも，流通革命論を唱えた林（1962）は，流通革命によって卸売，つまり問屋を経ずにメーカーから直接小売店へと流通するようになると予言したが，実際には日本の卸売業は衰退することはなかった。

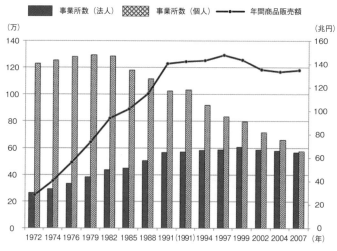

図5-1　小売業事業所数と商品販売額の推移（出典：『商業統計』）

第5章 流通の発展と商業空間の変容　57

　図 5-1 は，小売業の事業所数および年間販売額の推移を示している。第一次流通革命によってイオンやイトーヨーカドーなどの大規模小売店が台頭し，個人経営の零細な小売店は店舗数を大きく減らした。スーパーマーケットはチェーン展開することで大量仕入れの優位性を強めることができるため，店舗の全国展開が急速に進んだ。チェーンストア経営，セルフサービスを武器としたスーパーマーケットの台頭は，流通近代化を先導することとなった。

　流通の近代化は，同時に生活の近代化でもあった。図 5-2 に示すように，高度経済成長の初期段階に当たる 1950 年代後半には，三種の神器（3C）と呼ばれた白黒テレビ，洗濯機，冷蔵庫の普及が始まり，1960 年代後半には新三種の神器と呼ばれたカラーテレビ，クーラー，カー（自動車）の普及が始まる。家電製品の中でも冷蔵庫や電子レンジは，スーパーマーケットで購入した肉や魚を家庭で調理すること

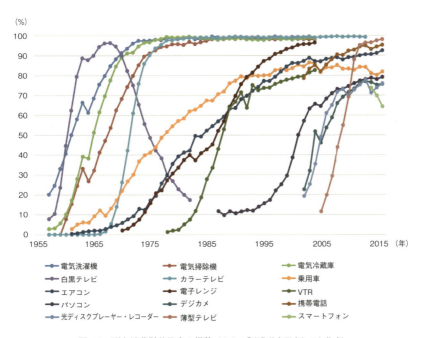

**図 5-2　耐久消費財普及率の推移**（出典：『消費動向調査』より作成）

注：単身世帯以外の一般世帯が対象。1963 年までは人口 5 万人以上の都市世帯のみ。1957 年は 9 月調査，58-77 年は 1 月調査，78 年以降は 3 月調査。05 年より調査品目変更。デジカメは 05 年よりカメラ付き携帯を含まず。薄型テレビはカラーテレビの一部。光ディスクプレーヤー・レコーダーは DVD 用，ブルーレイ用を含む。カラーテレビは 2014 年からブラウン管テレビは対象外となり薄型テレビに一本化。

を容易にしたため，日本人の食生活を大きく変えることとなった。家電製品の登場によって炊事や洗濯などの家事労働が軽減されたことは，それまで低下傾向にあった女性労働力率を上昇させる1つの要因となった。第3章で述べたように，1970年代に入って女性労働力率が低下傾向から上昇傾向へと転じた理由は，地方から大都市への人口移動が減少することによって生じた労働力不足を補うために，企業が女性を積極的に雇用するように転じたことである。とりわけ，大都市郊外の外食産業や下請け工場でパートとして働く女性が増大し，その結果女性労働力率は増加傾向に転じたのである。

　高度経済成長の時代は，流通が近代化され，耐久消費財が広く普及するようになった時代であったのと同時に，機能的で合理的な住宅様式が登場した時代でもあった。住宅の近代化は新しく建設された公団住宅が先頭を切り，ステンレス流し台やユニットバス，ダイニングキッチンなど大量生産による機能的な住宅設備を取り入れた住宅が建設された。

　外食産業でも，小売業におけるチェーン展開と同様に，レストランやファストフード店が全国展開を始めるようになった。1970年には「すかいらーく」，1971年には「マクドナルド」「ミスタードーナツ」が第1号店を開店させ，それ以後，セントラルキッチンによる標準化された料理とマニュアル化されたサービスが急速に日本全体に提供されるようになる。

　けれども，高度経済成長期からバブルが崩壊する1990年代初頭まで，スーパーマーケットに代表される新興の流通業は，既存の小売業者から強い反対運動を受けた。当初，スーパーマーケットは都心や駅前に立地することが多く，日本各地でスーパー進出反対運動が起きた。これを受けて，1974年に大店法（大規模小売店舗における小売業の事業活動の調整に関する法律）が施行され，大型店の出店は届け出制となった。けれども，スーパーマーケットの新規立地はその後も続き，1979年には大店法が改正され規制の対象となる店舗床面積が引き下げられ，第一種大型小売店，第二種大型小売店の種別が設けられた。これらの規制もあって，スーパーマーケットなど大型小売店の進出が拡大する中で中小零細小売店が維持されてきた。

　こうした状況を一変させたのが，「第二次流通革命」と呼ばれる1980年代後半以降の小売業の革新である。第二次流通革命を促した要因は，コンピュータ技術の発展によるPOSシステムやバーコードの導入，日米構造協議を受けた大店法の緩和，円高による製造業の海外移転にともなう開発輸入の増大などである（荒井 2004）。

　バーコードやPOSシステムの導入によって，販売時点で売上情報を収集したり

レジの精算業務が簡略化されただけではなく，売れ筋商品や死に筋商品を容易に把握できるようになったため，商品の価格設定を機動的に行ったり，在庫管理を適正化することが可能となった。ただし，情報技術の導入には巨額の投資が必要であることから，小売業の情報化は大規模小売業の有利性を高める結果となった。コンピュータ技術の発展による流通の技術革新はその後も続き，近年ではサプライチェーン・マネジメント（SCM）による小売業と製造業の情報の共有や，ネットショッピングの拡大などが進んでいる。

　1985年のプラザ合意以後も対日貿易赤字が続いていたアメリカ合衆国は，貿易赤字の原因は日本市場の閉鎖性（非関税障壁）にあるとして，日本に対して公共事業の拡大や市場の開放を求めた。非関税障壁の1つとして協議の対象となったのは，大店法による立地規制であった。その当時，米資本の玩具店であるトイザらスが日本での立地展開を計画していたこともあり，大きな話題となった。その結果1991年に大店法の改正が行われ，立地の規制は大幅に緩和された。さらに2000年にはまちづくり三法が成立し，大店法は廃止された。

　開発輸入は，円高や国内での賃金上昇にともなう生産コストの上昇によって促進された。開発輸入とは，先進工業国が発展途上国に資本と技術を投入して鉱産物・農産物など一次産品の開発を行い，それを輸入することを指す。近年では，商社を通じて開発されることの多い一次産品だけでなく，繊維や雑貨など幅広い分野に広がっている。開発輸入には巨大な資本が必要であり，また卸売を通さずに輸入するため全量買取が主流である。開発輸入された商品は国内で生産された商品に比べて安価であるため，資本力のある大手小売業が開発輸入に積極的に乗り出すようになった。開発輸入の発展も大手小売業には有利に働き，大手小売業はメーカー主導のナショナルブランドに対抗してプライベートブランドの開発を進め，販売価格を大幅に低下させることに成功した。いわゆる価格破壊の現象である。開発輸入の手法は，その後100円ショップやアパレルのSPA（製造小売）へと拡大していく。

　表5-1は，第一次流通革命と第二次流通革命を比較したものである。小売業の構造に生じた大きな変化は，第一次流通革命の際にはセルフサービスやチェーン展開の経営手法を取り入れたスーパーマーケットが登場したことである。これは従来の小売業にはみられなかった新しい業態である。業態とは，小売業や外食産業で用いられる用語であり，顧客の特性や店舗を利用する状況，来店頻度など，利用者の観点からみた店舗の分類である。これに対して業種とは，店舗で販売されている商品

表 5-1　2 つの流通革命とその社会経済的背景 (出典:箸本 2004: 2)

| | 第一次流通革命 | 第二次流通革命 |
| --- | --- | --- |
| 時　期 | 1960 年代 | 1990 年代〜 |
| 推進力 | 高度成長による消費拡大<br>消費財メーカーの全国資本化<br>円安 (1 ドル 360 円の固定レート) | 情報化 (専用回線＋情報機器)<br>規制緩和<br>円高 (開発輸入の急増) |
| 構造変化 | 業態 (とくにチェーンストア) の誕生と台頭 | 業態の多様化と業態間競争<br>業種の衰退<br>チェーンストアへのパワーシフト |
| 価格決定 | メーカー主導のチャンネル別建値制 | 小売主導の価格低下 |
| 流通政策 | 大店法 (1974) による競争調整<br>産業保護政策と価格維持の容認 | 規制緩和による自由競争<br>独禁行政の強化 |

の特性に基づいた分類であり，売り手の観点からみた店舗の分類である。それゆえ業種の分類は，製造業における産業分類とかなり類似している。

　第二次流通革命の時代に入ると，スーパーマーケット以外にも続々と新しい業態が登場した。たとえばコンビニエンスストア，ホームセンター，スーパーセンター，家電量販店，ドラッグストアなどであり，流通システムにおいてメーカーから小売業へと主導権が移行した。その結果，これまで価格設定においてメーカーが流通段階での利潤を見込んで小売価格を決める建値制が主流であったが，第二次流通革命後には価格決定権が小売業に移った。そのため，かつて日本で広くみられた「希望小売価格」の表示は店頭から消え去った。

　大店法の廃止によって小売業には新しい業態が続々と登場し，しかも立地規制が緩和されたため，1990 年代後半から都市の郊外には幹線道路に沿ってロードサイド店舗が乱立するようになる。ロードサイド店舗が増加した背景には，図 9-3 (☞ p.121) に示すように自動車の普及が進んだことによる影響も大きい。

　郊外に立地する広い駐車場を完備した大型ショッピングセンターやロードサイド店舗は，バブル崩壊によって地価が下落したために用地取得が容易となり，日本全国で急速に建設が進んだ。その結果，日本の各地に郊外型の商業施設が建設されることになり，ショッピングセンターの中には映画館やゲームセンターを併設したものも出現した。日曜日には，自動車に乗って家族連れで郊外のショッピングセンターを訪れ，買物だけでなくレストランで食事をしたりレジャーで 1 日を過ごす姿が広くみられるようになった。こうした家族の姿は，かつてハリウッド映画を見て

憧れたアメリカ西海岸の豊かな生活スタイルとほとんど違いはない。

　ここで，再び都市的生活様式の議論に立ち戻り，２度の流通革命を経た後の消費生活の意味を考えてみる。高度成長の初期に登場した三種の神器などの家電製品は，大量生産大量販売の時代の到来を告げるものであった。耐久消費財の普及は，都市に居住する人々の間でいち早く進んだが，大量生産によるコストダウンを目指すメーカーは農村部の人々にも積極的に売り込んだ。スケールメリットを追求する製造業は，製品の生産と販売において流通業に先駆けて全国市場をターゲットとするようになった。流通業の全国展開は製造業に比べると遅れて始まったが，２度の流通革命を経た後にはチェーン展開する経営が台頭するようになった。言い換えれば，商店街に店を構えて問屋から仕入れた商品を販売する在来型の小売店は大きく地位を低下させた。

　全国展開するスーパーマーケットやホームセンター，コンビニエンスストア，ドラッグストア，家電量販店を通じてさまざまな商品が日本全国に流通するようになった。飲食業においても，外食チェーンによって提供される食事が日本全国に出回るようになった。その結果，農村の生活様式と対比されていた都市的生活様式は，少なくとも物質的な面では農村との違いがみられなくなった。これは，都市的生活様式が農村的生活様式に近づいたというよりも，農村的生活様式が急激に都市的生活様式に近づいたといえる。その結果生じたのが，地方都市の駅前商店街の衰退であり，中心市街地の空洞化である。そこで次節では，大手流通資本のチェーン展開と従来の小売店の集積である商店街の動向を，都市規模別に検討することとする。

## 2　近年の小売業の立地動向

　これまで述べてきた日本の流通業の変化を，都市的生活様式の観点から具体的にみておこう。表5-2は，業態ごとにみた店舗数の変化を示している。1980年代に商店数の伸びが大きかった業態は，総合スーパー，食料品スーパー，コンビニエンスストア，住関連スーパーなどである。

　百貨店は，バブル経済が崩壊して以降の立地規制緩和によって郊外に立地する大型スーパーが急増したため，1990年代に入ってから店舗数を減らしている。とくに地方の百貨店は，大型スーパーに顧客を奪われて閉店が相次いだ。地方都市で百貨店の閉店が相次いだ背景には，地価が安く広大な駐車場を確保できる地方都市郊外の方が大都市郊外よりも大型スーパーの立地を進めやすいということがある。その

表 5-2 業態別店舗数の推移 （出典：南（2011: 5）より転載）

| | 1991 | 1997 | 2002 | 2007 |
|---|---|---|---|---|
| 百貨店 | 478 | 476 | 362 | 271 |
| 総合スーパー | 1,683 | 1,888 | 1,668 | 1,585 |
| 衣料品スーパー | 2,237 | 4,549 | 6,324 | 7,153 |
| 食料品スーパー | 14,761 | 17,623 | 17,691 | 17,865 |
| 住関連スーパー | 3,829 | 10,037 | 13,020 | 10,494 |
| コンビニエンスストア | 23,837 | 36,631 | 41,779 | 43,684 |
| ドラッグストア | — | — | 14,664 | 12,701 |
| 衣料品専門店・中心店 | 231,730 | 189,265 | 171,713 | 153,820 |
| 食品専門店・中心店 | 509,161 | 384,899 | 344,343 | 275,573 |
| 住関連専門店・中心店 | 729,416 | 651,553 | 621,261 | 557,257 |

結果，百貨店に買物に出かけるという行動様式は大都市圏でしかみられないものとなり，地方都市で暮らす人々にとって百貨店は縁遠い存在となりつつある。

　総合スーパーと衣料品スーパー，食料品スーパー，住関連スーパーは，大店法が緩和されて以降，急速に店舗数を伸ばしている。総合スーパーのうちイオンは特に郊外型店舗開発に積極的であり，「狸や狐の出るところに出店せよ」という立地方針に従って田園地帯に巨大なショッピングセンターを展開させている。大店法が緩和される以前には，イオンも他の小売業と同様に駅前や既存の商店街周辺に店舗を立地させていた。図5-3は，浜松市の郊外にあるイオンのショッピングセンターを示している。湯川（2009）によれば，周辺住民は農村部に大型スーパーが立地することを好意的に評価しており，交通混雑や交通事故の危険性への心配から立地の悪影響を危惧する声もあったが，負の外部効果よりも正の外部効果の方が高く評価される有益施設と考えられている。

　衣料品スーパーや食料品スーパー，住関連スーパーも，大店法が緩和されて以降，全国各地に大量出店する傾向が強まった。図5-4は，衣料品でも特に低価格を武器に急成長を遂げたS社の店舗立地を示している。これは，表5-2の業態分類では衣料品スーパーに分類される。兼子（2005）によれば，コスト削減のためにS社で採用されている経営手法は，衣料品に適した物流の集約化・効率化，郊外立地による

第5章　流通の発展と商業空間の変容　　63

図5-3　浜松市の郊外型ショッピングセンターであるイオン市野店（2013年，筆者撮影）

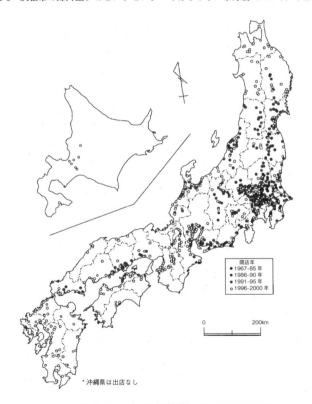

図5-4　衣料品スーパーの店舗展開（出典：兼子 2005: 65）

**図 5-5　富山市の郊外に立ち並ぶロードサイド・ショップの景観**（2016 年，浅野嵩法撮影）

地代負担の軽減，パート社員の積極的な採用による人件費削減，情報システム構築による在庫の単品管理などである。とりわけ興味深いのはＳ社の店舗展開であり，地価の安い郊外に店舗を立地させることでコスト削減を目指しており，店舗の半数近くが人口 5 万人以下の市町村に立地している。

　ホームセンターやコンビニエンスストア，ドラッグストアも店舗数が大幅に増加している一方，商店数を大きく数を減らした業態としては，専門店・中心店がある。専門店・中心店には大型の専門店も含まれるが，大多数は商店街などに立地する中小規模の小売店である。1982 年には約 163 万店の店舗があったものが，2007 年には 99 万店にまで減少した。

　地方都市では，ロードサイドに林立する看板は，自動車を運転するドライバーの目に留まりやすいよう大きな文字で店名が描かれている（レルフ 2013）。図 5-5 は，富山市の郊外幹線道路沿いに広がるロードサイドの店舗である。富山市はコンパクトシティとして有名であるが，モータリゼーションによって都心部の商業機能が低下し，郊外のロードサイドに商業機能が拡散しているのが現状である。富山市の郊外には，総合スーパーや各種スーパーが立ち並んでおり，買い物客のほとんどは駐車場のあるロードサイドの店舗を利用する。ロードサイドに立ち並ぶ店舗は，日本全国にチェーン展開する総合スーパーや各種スーパー，ドラッグストア，それにファストフードやファミリーレストランなどの外食産業である。

　ここで，流通革命の意味に立ち返ってみよう。流通革命は，価格決定権をメーカーから小売業に移行させたが，価格決定への影響力を拡大するためにはより大きな

販売量を獲得する必要があった。そのために，総合スーパーはチェーン展開を加速し，店舗網を全国に拡大していった。日本の隅々までチェーン店が立地していることは，全国の消費者が同一の消費財を購入することを意味している。すなわち，物質的な側面において都市の生活様式と農村の生活様式との差が消滅したことを意味している。消費生活の面での都市と農村との差異の縮小は，1960年代の流通革命の時代から徐々に始まっていたが，大店法の緩和が行われた1990年代に完成段階に入ったといえるだろう。

　都市的生活様式と農村的生活様式との差異の消滅は，アカデミックな研究において農村社会学が地域社会学へと変容していった経緯と対応している。高度経済成長期に農村部から大都市圏へと大量の人口が移動し，1980年代に入ると製造業の地方分散も進んだ。その結果，地方でも農業就業者は減少を続け，農村に居住しながら第二次産業や第三次産業に就業する通勤兼業が拡大した。農村地理学においても，農村社会を理解する際に混在化が大きな関心事となっていった（高橋1992）。その後も農業従事者は減少を続け，1955年には全就業者の39.4％を占めていた農林業就業者は，2010年には3.7％にまで低下した。つまり，農村地域に居住しているものの農林業には従事せず，第一次産業以外の産業に従事しているのが現代の農村社会の特徴といえる。現代は，都市化の波が日本全国を覆い尽くした状態にあるといえるだろう。日本のどこに住んでいようとチェーン展開する総合スーパー，食料品スーパー，コンビニエンスストア，ドラッグストア，ホームセンターで消費財を入手できるするようになったものの，そこには新しい差異化とみなせる生活様式の違いが生じている。

　すでに述べたように，百貨店で買い物をするという生活様式は地方では消滅しつつある。その一方，ロードサイドに立ち並ぶ衣料品スーパー，食料品スーパー，ホームセンターで買物する姿は，むしろ地方都市で典型的となりつつある。ロードサイドの店舗は自動車による来客を前提としており，広大な駐車場を必要とする。こうした店舗形態は，地価の高い大都市ではみることが難しい。

　後藤（2004）は，成城石井やシェルガーデン，クイーンズ伊勢丹など高級志向スーパーマーケットの台頭とPLANTやマキオの展開する低価格のスーパーセンターの急成長を対比させている。スーパーセンターの特徴は，店舗が1階の平屋であり，衣食住すべての商品を取り扱っている点にある。図5-6のPLANT津幡店は田園地帯の中に立地し，店舗は広大な駐車場に取り囲まれ，自動車での来店客がほとんどである。食料品の購入を目的にする客もいれば，衣料品やDIYなど種々の商品を

図 5-6 低価格の商品を提供するスーパーセンターの典型である PLANT 津幡店
(2013年，筆者撮影)

カートに積み込んだ客など多様な客層からなる．外国人の姿も比較的多い．大都市における高級志向スーパーマーケットの成長と地方を中心に展開するスーパーセンターとの対比は，社会階層による生活様式の差異化を考える上で刺激的な議論ではあるが，先に指摘したように自家用車が日常生活に必須となっている地方と公共交通による移動が主流である大都市といった生活様式の差異とも関係しており，単純に消費の二極化が進行しているとはいえない．大都市と地方との地域間格差拡大の問題と社会階層間の所得格差拡大とをできる限り区別して考えることが求められるであろう．

　大都市よりも地方都市で典型的にみられる生活様式は，ロードサイド型店舗だけにとどまらない．米浜（2007）は，地方都市の駅前において，若者向け店舗が集中する傾向を指摘して，これを「渋谷化する地方都市駅前」と名づけている．そこで指摘されている理由は，これまで述べてきた点とかなり整合的である．すなわち，(1) 大店法の緩和以降，地方都市の郊外では全国展開する大手小売業の店舗がロードサイドに進出したことによって，駅前商業地の中心性が低下して百貨店や高級専門店が撤退したこと，(2) 百貨店などが撤退したビルのオーナーは家賃が下がっても，空店舗状態よりは入居テナントを誘致しようとすること，(3) 地方の中心都市では高校や専門学校，短大が集積し，彼らが自動車利用者となるまでの数年間は公共交通に依存せざるを得ないことである．

　渋谷化する地方都市駅前の現象が発生する背後には，いうまでもなく，地方都市

第5章　流通の発展と商業空間の変容　67

図5-7　人通りがまばらな岐阜市の柳ヶ瀬商店街（2013年，筆者撮影）

の駅前商店街（あるいは中心商店街）が郊外立地の総合スーパーやロードサイド型店舗に客を奪われ，シャッター街となっているという現実がある。図5-7は，人口約41万人の岐阜市にある柳ヶ瀬商店街である。岐阜市では路面電車が運行されていたが，2005年に全線廃止となった。自家用車を利用する通勤客や買物客は郊外のロードサイド型店舗に流れ，駅前や岐阜市の代表的な中心商店街である柳ヶ瀬から撤退する大型店が相次ぎ，商店街には空き店舗が目立つ。

◆調べてみよう
今日，あなたが着ている服はどこで製造されたものか調べてみよう。

◆考えてみよう
あなたが着ている服について，原材料の生産地や生産者，製造が行われた工場の所在地や工場労働者の属性を，輸送方法にも留意しながら考えてみよう。

●第5章　参考文献

荒井良雄 2004. 変革期の流通と都市空間. 荒井良雄・箸本健二編『日本の流通と都市空間』275-300. 古今書院.
兼子　純 2005. 衣料品チェーンのローコスト・オペレーションとその空間特性. 経済地理学年報, 51-1: 56-72.
クリスタラー, W. 著 江沢譲爾訳 1969.『都市の立地と発展』大明堂.
後藤亜希子 2004. 消費空間の「二極化」と新業態の台頭―高級志向スーパーとスーパーセンター. 荒井良雄・箸本健二編『日本の流通と都市空間』235-253. 古今書院.
高橋　誠 1992. わが国の地理学における「混住化」研究の視点と課題. 名古屋大学文学部論集（史学）, 38: 125-140.
箸本健二 2004. 流通システムと都市空間. 荒井良雄・箸本健二編『日本の流通と都市空間』1-13. 古今書院.
林　周二 1962.『流通革命―製品・経路および消費者』中央公論社.
南　亮一 2011. 商業統計の業態別データに見る小売構造の変化. 法政大学イノベーション・マネジメント研究センターWP, 113: 1-16.
湯川尚之 2009. 大規模ショッピングセンターが周辺居住者に及ぼす外部効果の地理学的分析―浜松市郊外の市野SCの場合. 経済地理学年報, 55-2: 121-136.
米浜健人 2007.「渋谷化」する地方都市駅前. 荒井良雄・箸本健二編『流通空間の再構築』197-214. 古今書院.
レルフ, E. 著 高野岳彦・神谷浩夫・岩瀬寛之訳 2013.『都市景観の20世紀』筑摩書房. Relph, E. 1987. *The modern urban landscape*. Routledge, London.

# 第6章

# ジェンダーとセクシュアリティの都市空間

## 1 異性愛家父長制の都市空間

### ■ 1-1 現代における異性愛家父長制の成立

　現代社会では異性愛が支配的であることから，現代都市の空間は異性愛家父長制の都市空間と呼ばれている（ノックス ＆ ピンチ 2013）。それは，男性が仕事，女性が家庭という性別役割分業に基づいた都市空間の編成原理であり，都市内の空間構造に映し出された場合には公的領域／仕事が都心のオフィス街や繁華街，私的領域／家庭が郊外住宅地というパターンとなるからである。こうした日本の都市構造は，戦後の高度経済成長期に大都市郊外に住宅団地が形成されたことに起因する。郊外住宅地の系譜をたどれば，田園調布など20世紀初頭に建設された私鉄沿線の住宅開発に遡ることができるが，日本の人口に占める郊外人口の割合が大きくなったのは戦後になってからである。

　第二次世界大戦の直後には日本の住宅は質量ともに貧弱であったが，所得倍増計画を通じた国民所得の上昇によって，多くの国民はアメリカ合衆国の生活様式に憧れるようになっていった。それまでの庶民の家庭には冷蔵庫や洗濯機もなく，調理はかまどで行われることが一般的であったが，1950年代後半に三種の神器（白黒テレビ・洗濯機・冷蔵庫：白黒テレビが登場する以前には電気炊飯器または掃除機），1960年代半ばに新三種の神器（3C：クーラー・カー（自動車）・カラーテレビ）が出現し，大衆消費社会が到来した。松下電器の創業者である松下幸之助や小売業界に流通革命を巻き起こしたダイエーの中内㓛，テープレコーダーなど音響機器の海外輸出で名を馳せたソニーの盛田昭夫が大衆消費社会のリーダーとなったのは，良質な耐久消費財を安価で提供することを通じて庶民の生活水準を向上させ，豊かな消費生活の実現に寄与したからであった。それ以前に耐久消費財が普及しなかった理由を考えてみると，供給側の要因としては，使いやすい家電製品の供給が乏しくその値段も

高かったことにある。需要側の要因としては，農村では全般的に所得水準が低く現金収入が乏しかったことや，都市では俸給生活者が台頭しつつあったものの，日本の人口に占める割合はかなり小さかったことが挙げられる。そのため，耐久消費財の市場は大きくは広がらなかった。

　こうした状況を一変させた原動力は，もちろん戦後の経済発展である。戦後の経済発展の過程で，地方から都市へと人口が移動し，農家世帯が大幅に減少してサラリーマン世帯が増加していったのである。すなわち，自給的な家計を営む農家世帯（少ない現金収入のために消費支出も小さい）が大部分を占める経済から，都市サラリーマン世帯（俸給だけで生計を立てるため消費支出が大きい）が多数を占めるようになったのである。資本主義が一段と深化したことになる。農家の嫁不足が表面化したのもこの時期である。政府は，米の価格支持政策によって農家に一定の所得を確保しようとする施策を打ち出したが，その効果は限られたものであった。

　経済発展は異性愛家父長制と密接に関係しながら進んでいった。農家世帯が大多数を占めていた戦前には女性は働くのが一般的であって，専業主婦は恵まれた上流階級でしか存在し得なかった。それゆえ，統計的にみれば戦前の女性労働力率はかなり高かった。ただし，戦前の女性は妻としての役割，家事や育児を引き受ける母親としての役割，そして農家の貴重な労働力としての役割という多くの役割を同時に引き受けていた。世帯の決定権は夫あるいは祖父である戸主が握っていたため，女性の経済的な発言力は乏しく，過酷な条件で働かざるを得なかった。こうした世帯構造の中で働く女性は，現代の働く女性のように雇用者として企業やオフィスで働くのではなく，世帯を維持するために欠かすことのできない重要な労働力の役割を担っていたのである。つまり，農家や商店，町工場など自宅の一部が職場であり，そこでは家族（再生産）の空間と生産の空間が混在していた。生産と消費がほぼ同一の空間で行われていたのである。都市の空間構造の視点からみると，職場と住居が分離した近代空間ではなく，プレッドのいう前近代的な職住が近接した都市構造であった（プレッド 1989）。『〈子供〉の誕生』でも指摘されているように，前近代社会では家族構成員すべてが労働を担うことが期待されており，女性ももちろん例外ではなかった（アリエス 1980）。

　日本経済史の分野の研究によれば，日本の産業革命は 1890 年代に始まったものの，日本の産業革命が本格的な深化を遂げたのは戦後の 1950 年代から 60 年代にかけてであるという認識が一般的である。すなわち，日本経済は戦時下に成立した 1940 年体制が戦後にもほぼ踏襲され，ほとんど同一の路線を進んでいったという見

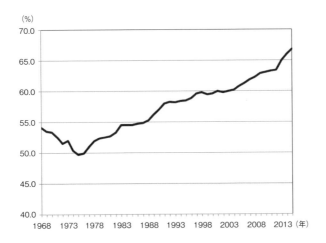

図6-1 女性労働力率(15–64歳)の推移(1968–2015年)(出典:総務省『労働力調査』)
注:1972年以前は沖縄県を含まない。

方である(野口 1995)。

　こうした日本経済の発達史を基にすれば,高度成長期の末期に女性の就業が増え始めたという議論は,逆にいえばその時期まで働く女性が減少傾向にあったことを意味している。ただし高度成長期の末期まで減少を続けた女性就業は,既婚女性による自営業や家内労働,家族従業者といった就業形態であり,雇用者として働く女性が減少したことを意味しているわけではない。そして,農業や中小零細企業では現在でもそうした傾向は残存しており,地方において女性就業率が高いのはこの構造が維持されているからである。つまり,現代的な意味での働く女性は,「雇用者」「俸給労働者」として働いている姿を意味しているのであって,家族従業者や家内労働など自営的な就業形態を含めた広い意味で働いている女性の割合はほとんど変化していないのである(図6-1)。

　戦後の高度経済成長期には,農家世帯の娘にとってサラリーマン世帯の専業主婦となって過酷な農家労働から解放されることが憧れであり,また両親にとってもそれが理想であった。嫁にやるならサラリーマンというのが,日本の農家では一般的な考え方となったのであった。戦後日本における社会政策や福祉政策も,専業主婦の増加を後押しするものであった。

　たとえば住宅政策では,夫婦と子ども2人からなる標準世帯を対象とした持家政

策が重視され，住宅取得を促進するために住宅金融公庫や会社による住宅融資の制度が整備された。その結果，それ以外の世帯を対象とした政策は軽視される傾向にあり，所得が低かったり不安定な単身者やひとり親世帯にとって重要な意味をもつ賃貸住宅への支援はほとんど存在しなかった（第2章を参照）。日本の社会保障もまた，国家による一元的な保障ではなく就労者の勤務する職場を中心に編成されており，こうした社会保障制度も夫が会社で働き女性が専業主婦として家庭にとどまるのを促進した（橘木 2005）。税制や医療保険，年金といった制度は個人単位ではなく世帯単位で編成され，扶養者控除などを受けられないひとり親世帯や単身世帯にとって不利に働いたのである。

日本の会社組織における雇用慣行もまた，男女の性別役割分業を促進する役目を果たした。第3章で述べたように，日本的雇用慣行の重要な柱となっている終身雇用と年功賃金は結婚・出産によって就業の中断を余儀なくされる女性にとって不利に働く。出産休暇や育児休暇が整備されれば女性の就業継続は容易となるが，就業の継続を容易にする制度の整備は 1990 年代になってから本格化したにすぎない。もちろん，男性でもブルーカラーとホワイトカラーではその働き方は異なっており，ホワイトカラー労働者よりもブルーカラー労働者の方が，そして大企業に勤務する労働者よりも中小企業で働く労働者の方が，賃金の年功的な要素は小さい。それゆえ，大企業を辞めて転職する場合には，より規模の小さな会社への転職が多くなる。

こうした異性愛家父長制に基づいた日本の社会システムは，女性就業率の上昇や晩婚化の進展，出生率の大幅な低下が進んだ現在では，その基盤が揺らぎつつある。たとえば，配偶者控除の存在によってパートなどで働く女性は年収 103 万円を超えないように仕事の時間を抑制しているが，正規労働者として働くインセンティブを強めるために配偶者控除の見直しが検討されている。

### ■ 1-2　現代都市の生活空間

高度経済成長期に成立した日本の異性愛家父長制は，それゆえ大企業で働くホワイトカラーのサラリーマンの世帯を理想像としているといえる。こうした異性愛家父長制が都市空間に反映された姿は，郊外ベッドタウンの持家に住み，都心のオフィスに遠距離通勤する夫と，郊外の住宅で1日の大半を過ごす専業主婦，そして近くの学校に通う子どもたちからなる家族像である。大都市の中心部では夜間人口は少なく，オフィスアワーの朝9時から17時まで（そして残業があれば夜遅くまで）職

第6章　ジェンダーとセクシュアリティの都市空間　　73

**図 6-2　ネオン煌く新宿歌舞伎町の夜景**（2007 年，筆者撮影）

場で働く人々で賑わう。郊外と都心のオフィスの間を毎日通勤する人の多くは既婚の男性と未婚者であり，ターミナル駅は乗り換えの人々で混雑し，夕方には自宅に帰る途中のサラリーマンが会社の同僚と時間を過ごす居酒屋が繁盛する。図 6-2 は，新宿歌舞伎町の歓楽街である。飲食店やゲームセンター，カラオケなどのネオンサインが眩しく輝き，仕事帰りのサラリーマンやさまざまな人々を店内へと誘っている。一方郊外で家事や買い物など世帯を維持する活動に携わる専業主婦は，自動車を利用できなければ交通弱者の位置に置かれ，しかも 1 日の時間は断片化されている。こうした姿は，プレッドとパームがアメリカ郊外の主婦を時間地理学的な手法で描き出した姿そのものである（プレッド＆パーム 1989）。影山（1998）は，大都市郊外におけるニュータウンの開発過程や入居者の地域活動への参加が，既存のジェンダー役割に従って構造化されていることを明らかにしている。

　もちろん，こうした生活空間の構造がみられるのは大都市圏のホワイトカラー層に限られており，大都市でも工場など生産現場で働く人たちやトラック輸送，オフィスのメインテナンス・サービス，それに飲食店や小売店などで働く人たちは，必ずしもそうではない。さらに，高度成長期には郊外居住者の多くは中心都市に通勤していたが，郊外都市が成熟することによって郊外でもサービス業需要が増大し，次第に郊外で生まれ育ち郊外に職場をもつ郊外第二世代が成長してきた（川口 2000）。一方地方都市ではホワイトカラーの職場は少なく，製造業や中小自営業に従事する人の割合が高い。それゆえ地方都市では，大都市郊外で典型的にみられる

核家族世帯のライフスタイルがさほど顕著にはみられない。

　1970年代以降になると農村から大都市へ流入する若年労働力が減少し，特にサービス業では不足する労働力を補うためにパート労働力として主婦を活用する傾向が強まった。こうした動きは，日本において外国人労働力を本格的には導入しなかったことと関係している。それと同時に，日本では流通革命の深化にともない中小商店が大規模店に取って代わられ，八百屋や魚屋，金物店などが大型スーパーによって駆逐されていったこととも深い関係をもっている。つまり，都市においてもこれまでは店主（夫）と家族従業者（妻）が働くことで成り立っていた小売業が次第に会社経営に取って代わられていったプロセスも同時に進行したのである。それゆえ，農村で家族構成員の労働力をフルに活用した伝統的な農家経営が衰退していったのと同時に，流通革命の進展や製造業の海外移転が進み，都市でも自宅の一部を工場や店舗に充てた小売店や町工場での就業が次第に困難となっていった。

　雇用者として働くようになった女性の多くは，1970年代にはパートタイム就労の形態が多かったが，国内の労働力不足が深刻化し1986年に男女雇用機会均等法が施行されると，次第にフルタイム就労する女性も増大した。雇用者として働く女性が結婚後も出産・育児と両立させながら仕事を続けるためには，保育サービスなど家事援助サービスの充実が不可欠であるし，家庭内での役割分業を男女間で均等にすることも必要である。職場においても，仕事を一時的に中断しても職場復帰が可能となるようなキャリア・コースを開拓することが必要となってきているが，現時点ではまだ従来型の日本的雇用慣行と両立し得る新しい働き方を探し求めている段階といえるだろう。

　雇用者として働く女性が増えることは，女性が経済的に自立可能となることを意味している。そして実際，家庭だけでなく仕事も生きがいとする女性が増えている。女性が経済的に自立する傾向が強まるにつれて，日本の離婚率も次第に上昇しつつある。都会のサラリーマンの妻となるのが夢であった時代には離婚率は低下傾向にあったが，結婚に対する社会的な規範が弱まるにつれて離婚率も次第に増加に転じている。日本で離婚率が上昇傾向にあるからといって，異性愛家父長制のイデオロギーが弱まったわけではない。現在でも，その形態に違いはあるものの，異性愛家父長制は依然として現代の先進国に共通する特徴である。そこでは一夫一婦制が尊重され，それ以外の家族形態は異端視されている。前節でも述べたように，住宅政策など都市で暮らしていくための社会経済的な制度は異性愛家父長制に基づいて設計されているため，離婚したひとり親世帯はしばしば経済的困窮に陥ることが多い。

なぜなら，離別する際に子どもは母親に引き取られる場合が多く，子どもを抱えながら働くのは容易ではないからである．さらに1990年代に入って新自由主義的な福祉切捨て政策が日本でも導入されるようになると，母子世帯への福祉サービス供給に制限が加えられるようになってきた．

### ■ 1-3　売春と都市空間

　売春は，世界で最も古くから存在している職業の1つといわれている．日本では，1958（昭和33）年に売春禁止法が成立する以前には，売春は法律に反する行為ではなかった．江戸時代の日本の都市には遊郭が存在したが，それは都市の縁辺部に囲われた地区として規制の中で存在を許されていた．江戸の吉原，大阪の新地などがその代表である．明治以降も遊郭は存在し続けたため，日本は性に対して野蛮な国であるというイメージを欧米人に与え続けた．

　売春禁止法によって遊郭や売春婦は都市から表向きは姿を消したが，その後も「トルコ風呂」「ソープランド」「ヘルス」と名前を変えながら現在でも風俗産業として存続している．風俗産業は，浴場あるいはマッサージ店として看板を掲げているため，都市計画法の用途規制の上では商業地区で立地が可能となる．そのため，売春禁止法が施行される以前には特定地区に限定されていた売春が，繁華街の奥まった場所に性風俗店が蔓延するようになり，時には売春に至る結果となった．阿部（1991）は，高度経済成長期に高速道路沿いに奇抜なデザインのラブホテルが乱立し，景観をめぐる紛争が生じたことを明らかにしている．ラブホテルの利害関係者は，(1) 施設の経営者や設計者など関連業者，(2) 施設周辺の住民や非利用者，(3) 施設の利用者，からなり，特に関連業者と周辺住民から強く影響を受けたという．1970年代には，関連業者はより多くの利用者を獲得するために奇抜なデザインのラブホテルを建設し，その多くはヨーロッパの古城や客船などを模して利用客に非日常空間をアピールしてきた（図6-3）．その後，各地で立地をめぐって紛争が生じた結果，各地でラブホテルの立地を規制する条例が制定された．条例によって，目立たない外観のホテルが増え，周囲に強い刺激を与える看板やネオンが自粛されるようになり，外観を見るかぎり都市ホテルと少しも変わらないシンプルな装いが主流となっていった（阿部1991）．

　青少年に悪影響を与えるという理由から，条例によってソープランド（個室付き浴場）の立地を禁止している自治体も多い．そうした場合には隣接自治体へと立地場所を変えることになり，いたちごっこが続くことになる．

**図6-3 愛知県一宮市にあるインターチェンジ近くの奇抜なデザインのラブホテル**
(2007年，筆者撮影)

ハバード (Hubbard 1998) によるイギリスのバーミンガムの事例はきわめて興味深い。売春婦は，都市の路上で不特定多数の男性に体を売るという売春行為を行う。この売春行為は，セックスは一夫一婦制の下で私的な空間で行われるべきであるという社会規範を乱すかどで非難される。まず，路上という公的な空間での客引きは，性的行為が私的空間に限られるべきであるという社会規範に反する。さらに，けばけばしい売春婦が繁華街の路上に出没する姿は，公的空間＝男性／家庭＝女性，という近代社会の空間秩序に反する。つまり，住宅以外の職場や街路など多くの人々との接触機会がある空間は男性が支配権を握るべきであり，女性が覇権を握ることができるのは家庭の中に限られるべきであるとする近代社会の空間秩序を乱す存在として，売春婦が非難されるのである。それゆえ，イギリスのバーミンガムで高まった路上売春への抗議運動と監視活動は，公共空間をめぐる権力の闘争として描かれるのである。

## 2 セクシュアリティと身体

### 2-1 セクシュアリティとは何か

ジェンダーという用語は，現代において広く使われるようになってきた。生物学的な性を示すのが「セックス（性別）」という用語であるのに対して，「ジェンダー」は社会的な性別役割を意味している。フェミニズムが台頭し始めた1970年代から，

ジェンダーという用語が広く社会に浸透するようになり，現代では一般的に使われるようになっている。日本のフェミニズム論は，主に専業主婦をめぐって行われてきた（江原 1990）。それゆえ日本におけるフェミニズムをめぐる議論は，主に女性のジェンダー役割をめぐって展開してきたといえる。日本の地理学におけるこれまでのフェミニズム研究は，都市空間に反映されたジェンダー役割に注目したものが多かった。たとえば影山（1998）では，男性と女性の役割の差異が都市空間に表面化しており，家族の論理が貫徹する郊外住宅地は再生産の空間を形成し，都心のオフィス街は生産の空間となっていると主張されている。

1990 年代に入って新しく登場するようになった概念として，「セクシュアリティ」がある。セクシュアリティ研究によれば，人間には「身体の性」「心の性」「社会的性」「対象の性」という4つがあるという（村田 2002）。「身体の性」とは，生物学的・医学的な性別であり，「心の性」は，自分の性別を男性と認識するか女性と認識するかという自己認識であり，「社会的性」は，社会的に男性と認知されるのか，あるいは女性と認知されるのかという次元の性別である。「対象の性」は，性愛の対象が同性なのかあるいは異性なのかという性的指向による性別である。ゲイやレズビアンは，対象の性が異性ではなく同性である人を指し，トランスジェンダーは，身体の性（と社会的性）が心の性と異なる人を指している。村田（2002）は，日本の公共空間がこれらの4つの性のうち主として身体の性と社会的性による性の判別基準に従って構築されていることを，公共トイレや公共浴場，病院や役所，職場，学校を事例にしながら明らかにした。

セクシュアリティが重視されるようになった背景には，フェミニズム論の台頭によって社会的な性役割というジェンダー概念が広まることで性的な行為としてのセックスが無視される傾向にあったことがある（Bondi 1998）。それゆえ，フェミニズム論においてセックスは生物学的な問題であると考えられてきたことに異議を唱え，セックスもまた文化的な行為であり，文化に強く影響を受けると主張されるようになってきた。生物学的な性への注目と並行して，男女のふるまい方，そして身体にも注目が集まるようになってきた。たばこの広告にみる男女の表象から空間と身体との関連性を考察した村田（2005）の分析は，地図的なスケールだけでなく，身体というスケールからも空間を捉えることが重要であることを明らかにした。

### ■ 2-2 同性愛と都市

レズビアン（女性同性愛者）とゲイ（男性同性愛者）は，性的マイノリティと呼ば

れる。欧米諸国ではキリスト教の教義で同性愛が禁止されており，公衆の場における同性愛の行為は刑罰の対象となってきた。これに対して日本では，同性愛を禁止する法律は存在しない。

　現代の日本社会では依然として異性愛が支配的であり，同性愛者は社会的に少数派の立場に置かれてきた。そのため，常にその性的指向を隠して暮らさざるを得ない状況にある。「カミングアウト」は，同性愛者が自分の性的指向を周囲の人々に公にする行為であるが，多くの同性愛者は異性愛者のホモフォビア（同性愛者恐怖症）に根ざす反発や嘲笑を恐れて，職場など公の場ではその性的指向を隠しているのが現状である。

　カミングアウトした同性愛者が集住するアムステルダムやニューヨーク，サンフランシスコ，ニューオリンズといった欧米の都市とは異なり，日本の都市には同性愛者が集住する地区は存在しないため，日常生活において同性愛者の存在に気づくことはほとんどない。ただ，東京の新宿二丁目は同性愛者向けの商業施設が集まる場所として有名であり，その他の大都市にも同様の商業集積が存在する。

　新宿二丁目は，かつて赤線地帯であった。1958（昭和33）年に売春禁止法が制定されたために新宿二丁目界隈は寂れ，そうした中でゲイ向けの店がぽつぽつと増えていったという経緯がある。日本のゲイ・タウンは，人目を避けるためにターミナル駅の繁華街から少し離れた場所に立地する傾向がみられ，新宿二丁目も駅の東口の真前にある歌舞伎町からやや離れたところに位置している。そのため，ゲイ向けの店舗や商業施設が多数集積しているものの，夜の顔しかもたない点が欧米都市のゲイコミュニティと大きく異なる。新宿二丁目に集積する商業施設は約300軒ともいわれているが正確な数は不明である。ゲイのための情報誌「ゲイナビ '05」によれば，商業施設のタイプには「バー」「ハッテンスポット」「ホスト」「マッサージ」「ショップ」「バラエティ」がある（図6-4）。「バー」はアルコールを提供して語らいの場を提供するものである。「ハッテンスポット」は，客同士のセックスを目的とした出会いの場を提供するスペースである。「ホスト」は，いわゆる「ウリセン」と呼ばれるボーイが客にエスコートなどのサービスを提供する店である。東京以外の都市でも新宿二丁目と同様なゲイ向けの商業集積がみられる。新宿二丁目と同様にこうした地区も商業施設が集積するだけで，同性愛者は異性愛者の都市空間の中に隠れて一緒に暮らしている。

　一方，カミングアウトした同性愛者が集住する欧米では，同性愛者は子どもをもたず単身であることが多く，それゆえ可処分所得が高いことから，都市の政治に対

第6章　ジェンダーとセクシュアリティの都市空間　79

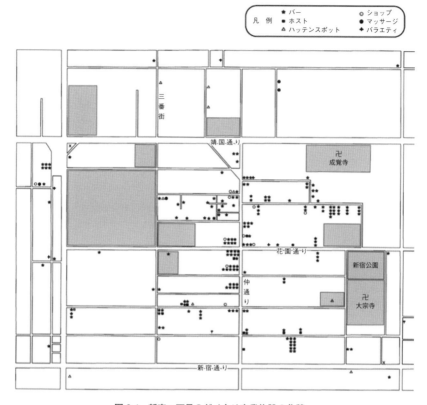

図 6-4　新宿二丁目のゲイ向け商業施設の集積
（出典：『ゲイナビ'05』より筆者作成）

して影響力を及ぼしている都市もある。サンフランシスコのカストロ地区はゲイが集住する地区として有名であり，虹にヒントを得た多様性を主張するレインボーフラッグが地区のあちこちに飾られている（図6-5）。サンフランシスコではゲイが自分たちのアイデンティティを高揚させるゲイ・パレードも開催され，地元のアップルコンピュータやリーバイスジーンズに勤務する同性愛者も企業内で組合を結成してパレードに参加している。

　カリフォルニア州ウェストハリウッドでは，高齢者とゲイが連帯して独立した自治体を形成し，市政に大きな影響力を及ぼすに至っている（Moos 1987）。また他方でゲイが特定地区に集住する過程で不動産価値をつりあげ，ジェントリフィケーシ

図6-5 サンフランシスのカストロ地区にはためくレインボーフラッグ
(2008年,筆者撮影)

ョンを引き起こす主体となる場合もみられる。

　日本においても1990年代に入るとゲイとレズビアンの団体が相次いで結成され，これまでの見えない存在から変化を遂げる兆しがみられる。2015年には，東京都渋谷区と世田谷区において同性婚に対して証明書が発行されるようになり，その他の都市でもこれに追従する動きがみられる。その一方，男性同性愛者であるゲイに比べると女性同性愛者であるレズビアンは，その存在が見えにくい。それでも，近年ではレズビアンの市議会議員も誕生し，政治的舞台でも権利主張が行われるようになりつつある。けれども全般的には，レズビアンはゲイと比べて権利主張の点でも空間の占拠の点でも目立たず，その傾向は欧米と共通している。

◆調べてみよう
あなたの身の回りには，どんな男性の空間，女性の空間が存在するのか調べてみよう。

◆考えてみよう
上で調べた男性の空間，女性の空間は，どんな理由から一方の性に偏っているのかを考えてみよう。

●第6章　参考文献

阿部　一 1991. 景観・法令・建築―風俗宿泊施設からみた人間と景観の相互関係. 地理評論, 64A: 265-279.
アリエス, P. 著 杉山光信・杉山恵美子訳 1980.『〈子供〉の誕生―アンシァン・レジーム期の子供と家族生活』. みすず書房. Ariès, P. 1960. *L'enfant et la vie familiale sous l' Ancien Régime*. Paris: Plon.
江原由美子編 1990.『フェミニズム論争―70年代から90年代へ』勁草書房.
影山穂波 1998. ジェンダーの視点から見た港北ニュータウンにおける居住空間の形成. 地理学評論, 71A: 639-660.
川口太郎 2000. 大都市圏における地方出身世帯の住居移動. 明治大学人文科学研究所紀要, 46: 145-187.
橘木俊詔 2005.『企業福祉の終焉―格差の時代にどう対応すべきか』中央公論新社.
野口悠紀雄 1995.『1940年体制―さらば戦時経済』東洋経済新報社.
ノックス, P. & ピンチ, S. 著 川口太郎・神谷浩夫・中澤高志訳 2013.『改訂新版 都市社会地理学』古今書院. Knox, P. and Pinch, S. 2010. *Urban social geography: An introduction*, 6th ed. London: Pearson Education Limited.
プレッド, A. 著 廣松 悟・神谷浩夫訳 1989. 生産プロジェクト・家族プロジェクト・自由時間プロジェクト―19世紀アメリカ合衆国諸都市における個人と社会の変化に関する時間地理学的視角. 荒井良雄ほか編訳『生活の空間 都市の時間』127-173. 古今書院. Pred, A. 1981. Production, family and free-time projects: A time geographic perspective on the individual and societal change in the nineteenth-century U.S. cities. *Journal of Historical Geography*, 7: 3-36.
プレッド, A., & パーム, R. 著 岡本耕平訳 1989. アメリカ女性の状況. 荒井良雄ほか編訳『生活の空間 都市の時間』28-41. 古今書院. Pred, A. and Palm, R. 1997. The status of American women: A time-geographic analysis. In *Invitation to geography*, ed. D. A. Lanegram and L. Palm, 99-109. New York: McGraw Hill.
村田陽平 2002. 日本の公共空間における「男性」という性別の意味. 地理学評論, 75: 813-

830.

村田陽平 2005. 現代のたばこ広告にみる男性の身体と空間. 人文地理, 57: 532-548.

Bondi, L. 1998. Sexing the city. In *Cities of difference*, ed. R. Fincher and J. Jacobs, 177-200, New York: Guilford Press.

Hubbard, P. 1998. Sexuality, immorality and the city: Red-light districts and the marginalisation of female street prostitutes. *Gender, Place and Culture*, 5: 55-72. ハバード, P. 著 神谷浩夫訳 2002. セクシュアリティ, 不道徳, および都市―赤線地区と街娼の底辺化. 神谷浩夫監編訳『ジェンダーの地理学』118-150. 古今書院.

Moos, A. 1987. The grassroots in action: Gays and seniors capture the local state in West Hollywood, California. In *The power of geography*, ed. J. Wolch and M. Dear, 351-369, London: Unwin Hyman.

# 第7章

# 高齢化と医療・福祉

## 1 医療の発展と地域的公正

　まず，都市生活における医療サービスや福祉サービスの役割を考えてみよう。1970年代から1980年代にかけてフランスの都市社会学者たちは，都市における住宅や交通，保健などのサービスの供給は，国家や自治体によって公共的集合的に供給されることによって労働力再生産および社会関係の再生産を可能にするとの主張を展開し，彼らの研究は新都市社会学と呼ばれた（神谷 2014）。カステルは，集合的消費を市場ではなく国家機関によって供給される財やサービスであると規定した。なぜなら，集合的消費財の生産は低い利潤率のために営利企業の参入は少ないけれども，労働力の再生産と社会関係の再生産に必須であるため，中央政府と地方政府は，労働力の再生産を円滑にし，都市における社会的緊張を解決するために，集合的消費財の供給を進めるようになるからである。集合的消費財の例として，医療やスポーツ，教育，文化，公共交通，住宅，医療，福祉，など各種の公共サービスが挙げられる。

　新都市社会学は，第4章で述べたようなシカゴ学派都市社会学に対して，その社会解体論に階級対立の観点が欠落していることや，逸脱やアノミーを重視するあまり社会変革を求める運動への関心が希薄であることを批判する。都市社会の研究に対して新都市社会学がもたらした新鮮な観点は，都市を理解するためには従来の生産関係に基づく資本家と労働者という階級対立ではなく，共同消費の配分をめぐる集団間の利害対立を理解することが重要であると主張した点にある。

　一方，近代経済学における公共財の理論では，公共財が有する私的財とは異なる特徴的な性質として，非排除性と非競合性の存在が指摘されている。非競合性とは，利用者が増えても追加的な費用をともなわないという性質のことであり，非排除性とは，対価を支払わない者を便益享受から排除できないという性質を意味する。非排除性と

非競合性の両方の性質をもつ財は純粋公共財と呼ばれ，一方の性質しかもたない財は準公共財と呼ばれる。たとえば公園は，利用者を制限することは比較的容易であるが（排除性），利用者が少しくらい増えても公園の便益が損なわれることはない（非競合性）。一般の道路の場合，道路はあちこちに通じているので利用者を制限するのが難しく（非排除性），道路を利用する自動車の台数が増大すると交通渋滞のために利便性が損なわれる（競合性）。公共財の消費においては，費用負担をせずに便益だけを享受しようとするフリーライダーが出現しがちなため，政府が供給主体となることの根拠となる。

　新都市社会学の立場にせよ近代経済学の立場にせよ，都市生活者のために供給される医療サービスや福祉サービスの配分に国家が何らかの形で関与することは広く認められている。けれども，国家による関与の度合いや方法は，国によってかなり異なる。アメリカ合衆国は，医療サービスや福祉サービスが私的財として供給されている点で特異な国であり，政府による医療への関与は自由な経済活動を妨げるとみなされている。西欧諸国をみると，イギリスやスウェーデンのように医療供給が国によって行われている場合には，普遍主義的な原理に基づいているとみなされ，ドイツやフランスのように医療が社会保険を通じて供給されている場合には，選別主義的な原理に基づいているとみなされる（真野 2012）。

　人々が人生の中で遭遇する病気や災難に対処する方法として，しばしば「自助」「共助」「互助」「公助」という分類が用いられている。公助とは，国など公的機関が税金を投入して困難に陥った人を助ける方法，共助は医療保険や介護保険のように保険制度を使って人を助ける方法，互助は近隣の知人やボランティアの力で助け合う方法，自助は自分の備えによって困難を克服する方法である。真野（2012）は，上で整理したような医療への国の関与による違いを，これら4つの助け合いのやり方と対応させている。すなわち，市場原理を重視したアメリカ合衆国は自助による医療供給，社会保険による医療保障の形態をとるドイツや日本は共助による医療供給（真野は互助も共助に含めている），税による医療保障を行うイギリスやスウェーデンは公助による医療供給と整理している。もちろん，実際に各国で提供されている社会保障の仕組みは，それぞれの国の歴史的背景や経済状況によって複雑である。

　桐野（2014）によれば，日本の医療制度の特徴は，(1) 国民皆保険，(2) 診療報酬出来高払い，(3) 自由開業制，(4) フリーアクセス，という4点にある。

　国民皆保険が日本で成立したのは，1961年である。この年に国民健康保険が開始されたことによって，それまでの雇用者を対象とした職域保険に加え，自営業者

など職域保険に漏れた人々が市町村によって運営される国民健康保険に加入するようになり，すべての国民が医療保険に加入する仕組みが誕生した。これによって，日本の医療は公共サービスとして国民の間に浸透していった。大部分の国民が民間の保険に加入することで医療サービスを受けるアメリカ合衆国で，医療保険が私的財とみなされているのとは対照的である。この点では，日本における医療は，すべての国民の医療費が税または保険によって支えられている西欧や北欧に近い。

　日本では医療サービスの価格は，どこの病院や診療所で受診しようと原則として同一である診療報酬制度によって決定される。診療報酬とは，医療機関で受ける医療行為への対価として計算される報酬を指し，医師や看護師の技術料，薬剤師の調剤技術料，処方された薬の薬剤費，使用された医療材料費，医療行為にともなう検査費用などが点数で表現される医療の値段のことである。同じ医療行為であれば，これに対して支払われる対価は原則としてどの医療機関においても同じである。診療報酬は，支払側委員，診療側委員，公益委員から構成される中央社会保険医療協議会によって決定される。出来高払いとは，患者に対して提供される種々の医療行為を合算して報酬が支払われる方式のことであり，患者の疾病によって診療報酬が決まる包括払い制度とは対照的である。出来高払いの下では，過剰な検査や投薬につながることが多い。

　日本の医療サービスは自由開業制であり，医療法に基づく設置基準を満たせば自由に病院や診療所を開設できる。そのため，医療機関の地域的な偏在がみられる。イギリスでは，公務員であるGP（General Practitioner：かかりつけ医ないし家庭医）が外来患者を診察するシステムであり，住民は原則として自分が登録したGPでしか診察を受けることができない。それゆえ，自由に医療機関を選べる日本のシステムとは対照的である。さらに，日本の医療施設の開設主体は，国や地方自治体，各種団体，民間などが入り混じっている。図7-1に示すように，病院の71％，診療所の83％は民間（医療法人と個人）が開設したものであり，国や公的医療機関によって開設された病院や診療所の割合はかなり低い。このように開設主体が多様であるため，新規の開設に対する公的な規制は及びにくい。

　日本では，医師による自由開業が保証されているだけでなく，医療施設を訪れる患者に対してもどこの病院や診療所であっても自由に選ぶ権利が保障されている。これは，フリーアクセスと呼ばれる。イギリスのNHS（国民保険サービス）では，指定されたGPでしか医療サービスを受けることができないため順番待ちが生じているのに対して，日本はフリーアクセスが保証されているため，気軽に診療を受ける

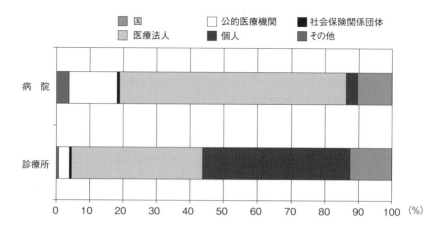

図7-1 開設者別の病院・診療所（2014年）（出典：『平成26年医療施設調査』）

ことができる。

こうした特徴をもつ日本の医療は，医療の質（長い平均寿命，低い乳児死亡率など），医療施設へのアクセス（国民皆保険制度，受診回数など），医療のコスト（1人当たりの医療費）などの点で高い評価を受けている（桐野 2014）。その一方，問題点も存在する。医療機関へのアクセスの点では，離島や過疎地域でしばしば無医地区が存在

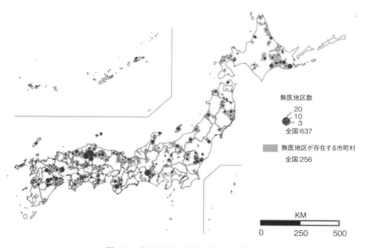

図7-2 無医地区の分布（2014年）
（出典：中村 2017: 52; 平成26年度無医地区等調査及び無歯科医地区等調査）

するなど，医療施設や医師の地域的偏在が生じている。図7-2は，2014年における無医地区の分布を示している。最寄りの医療機関まで1時間以上かかる人口50人以上の地区は，2014年には全国で637か所存在していた。30年前の1985年には1,276か所であったので，状況はかなり改善されたといえるものの，問題は依然として残っている。一方，病院や診療所において特定の診療科目で医師不足が目立つ現象も生じている。これは，医療崩壊と呼ばれる現象であり，1980年半ば以降の医師数抑制政策や医療費抑制政策によって医師不足に陥った病院の勤務医が過酷な労働を強いられるようになり，その結果，リスクの高い産婦人科や小児科医療に従事する医師が別の病院に移ったり他の診療科目に移ったりすることによって，医療が受けられなくなる現象を指す。

医療のコストは，高齢化の進展により近年増大傾向にある。図7-3は，年齢階層

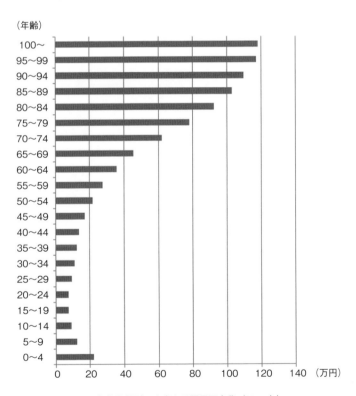

**図7-3　年齢階級別1人当たり国民医療費（2014年）**
(出典：神谷（2017: 72）を改変；厚生労働省「医療保険に関する基礎資料」)

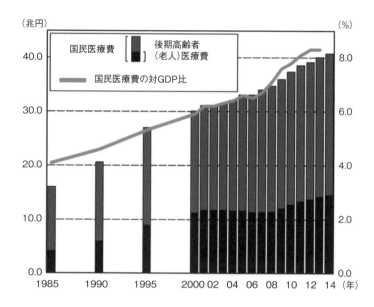

図7-4　国民医療費の推移（出典：神谷2017: 72; 厚生労働省『医療費の動向調査』）

別の1人当たり医療費を示している。この図からもわかるように，医療費は年齢とともに高くなる。その内訳を調べてみると，70歳代までは外来（入院外と調剤）の割合が高いが，80歳代になると入院（入院と食事療養）の割合が高くなる。それゆえ，後期高齢者が増加することによって入院患者が増大し，それが国民全体の医療費支出を押し上げる効果をもっていることがわかる。

その結果，国民医療費の総額は1985年には約16兆円だったものが，2014年には2.5倍にも膨れ上がり40.8兆円に達している（図7-4）。この間のGDPの伸びは1.5倍にすぎないため，国民1人当たりの医療費支出が日本経済に占める比重は次第に大きくなっている。また，GDPに占める国民医療費の割合は1985年の4.8％から2013年には8.3％へと上昇している。それゆえ，高齢化がさらに進む中で，医療費の増大を抑制しながら質の高い医療を維持することができるのか，大きな課題となっている。

地理学の観点から医療の問題にアプローチする場合，日本の医療は政府による規制が強く働いているため，地域的な平等に着目した研究が多く行われてきた。すでに述べたように，医療や福祉に関して平等性を求める傾向はヨーロッパ諸国で強く

みられる一方，アメリカ合衆国では私的財として供給されるべきであるとする傾向が強い。そのため，アメリカ合衆国では医療の地域的な平等性を検討する地理学の研究に対する関心が弱く，ヨーロッパの地理学者が医療の地域格差に関する研究を担っている。日本の地理学における研究の場合，医療や福祉に関して効率性よりも平等性を求める傾向が強いものの，効率と平等をどのように両立させるのかといった観点からの議論は乏しい。

神谷（1997）や梶田（2011）は，医療や福祉などの公的サービス供給に関してデービス（B. Davis）が提唱した地域的公正の概念について，この概念が台頭してきた背景や地理学における受容プロセスについて分析している。先に述べたように医療供給に対する政府の関与が大きい日本では，地域的公正の概念が受け入れられやすいと考えられる。けれども，日本の地理学における地域的公正についての議論は福祉に関するものがほとんどであり，医療サービスや医療機関の地域的公正についての研究は緊急医療の問題などに限られている。

## 2 高齢化の進展と高齢者福祉

日本における高齢者福祉は，人口に占める高齢者の割合が高まるにつれて社会問題としての重要性が高まり，その対応策が講じられてきた。それゆえ，高齢者福祉の問題を考える手始めとして，日本における高齢者人口の増大と高齢者福祉の整備の歴史を簡単に振り返ってみる。

図7-5に示すように，1945年には高齢化率はわずか3.7％であった。国民皆保険となったのは1961年であるが，前年の1960年には岩手県旧沢内村で65歳以上の高齢者の老人医療費無料化が始まり，1961年には60歳以上の高齢者および1歳未満の乳児の医療費が無料化された。1960年の日本の高齢化率は5.4％にすぎず，平均寿命も男性が65.3歳，女性が70.2歳と現在よりも15年以上も短かったため，社会保障給付費が国民所得に占める割合も小さかった。

1963年には老人福祉法が成立し，国と地方自治体が高齢者の福祉に責任を負うこととなった。それまで高齢者福祉は，救貧施策の一環として低所得者向けに生活保護法に基づいて行われるのみで，大多数の高齢者は同居する家族が世話をするものと考えられていた。老人福祉法の制定によって，それまでの低所得者所向けの養護老人ホームに加えて，家庭での生活が困難な高齢者向けに特別養護老人ホームや軽費老人ホームが創設された（表7-1）。

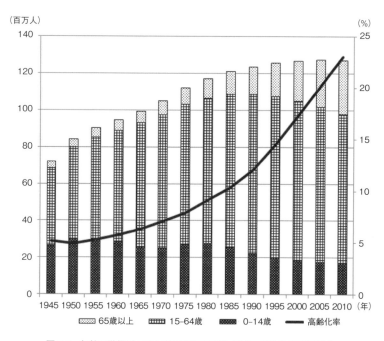

図 7-5　年齢三階級別人口と高齢化率の推移（出典：総務省『国勢調査』）

　高度経済成長が終焉を迎える 1970 年代に入ると，大都市では当時の社会党と共産党の支持を受けた候補が大都市自治体の首長に当選するようになり，反公害や福祉政策・憲法擁護を訴える政策が実行されるようになる。1971 年に東京都の美濃部知事によって開始された老人医療費無料化は，その後すぐに他の革新自治体にも広がっていった。これに対抗するため，自民党政府は 1973 年に老人医療費無料化を打ち出した。このことから，1973 年が日本の「福祉元年」と呼ばれるようになった。
　しかし福祉元年がスタートした直後に，日本は二度のオイルショックに見舞われた。その結果，経済界を中心に経済回復を求める主張が勢いを増し，「日本型福祉」を主張する声が強くなった（大沢 1993）。日本型福祉とは，個々人に生じるリスクは基本的には個人や家族が責任を負い，それを補完するものとして市場で購入する各種の福祉サービスを位置づけ，国家は最終的な保障しか担わないというものである。
　日本型福祉が声高に叫ばれた理由として考えられるのは，以下の点である。第 1 に，二度のオイルショック後に生じた日本経済の低迷から脱却するために社会保障支出を抑制するよう経済界が要求したこと，第 2 に，都市部で次第に女性の労働力

表 7-1　日本の福祉年表

| 年 | 内容 |
|---|---|
| 1961 | 国民健康保険の創設（国民皆保険）<br>国民年金制度が発足し国民皆年金が成立 |
| 1963 | 老人福祉法制定 |
| 1971 | 美濃部都政が老人医療費無料化し，大都市革新自治体も追随 |
| 1973 | 厚生省が老人医療費無料化，年金給付額の引き上げ→1973年は「福祉元年」と呼ばれる<br>〈1970年代：医療供給量の拡充……自治医科大学，1県1医大構想〉<br>〈1970年代末：「日本型福祉社会論」家族による介護〉 |
| 1980 | 老人ホームの費用徴収制度<br>福祉支出抑制策（措置基準を低く抑える，費用徴収を強化する，国庫負担率を低くする） |
| 1982 | 老人保険制度の創設<br>※高齢者の医療費無料制度廃止，高齢者の一部負担導入 |
| 1984 | 医療保険自己負担の増額　1割→1992年に2割 |
| 1985 | 第1次医療法改正（ベッド数削減を目標とした医療計画策定の義務） |
| 1986 | 老人保健施設の創設 |
| 1989 | ゴールドプラン策定（特別養護老人ホーム・デイサービス・ショートステイなどの施設整備，ホームヘルパー養成による在宅福祉の推進） |
| 1990 | 福祉8法の改正<br>※福祉施設への入所措置権限が市町村に移管<br>※都道府県，市町村に老人保険福祉計画の策定義務化<br>※シルバービジネスの拡大を目指す |
| 1992 | 第2次医療法改正<br>※老人病院の創設，療養型病床群 |
| 1994 | 新ゴールドプランの策定，国民福祉税構想の挫折 |
| 1996 | 健康保険法改正 |
| 2000 | 介護保険制度導入 |
| 2012 | 地域包括ケアシステムの推進 |

率が上昇しつつあったものの，労働力不足は現在ほど深刻ではなかったために家族による介護が可能と考えられたこと，第3に，高齢化が徐々に進行していたものの1970年に7.1％，1975年に7.9％，1980年でも9.1％と，まだ10％に達しておらず，高齢者の医療や介護の問題が大きな社会問題と認識されるまでには至っていなかったこと，などがある。それゆえ，高齢者の福祉は家族に委ねるのが原則であり，女性の社会進出に対しては家族による介護を困難にしてしまうものとして否定的な評価が与えられた（大沢1993）。

1980年代に入って景気回復が進む一方，高齢者人口の増加が急激になるにつれ，高齢者福祉サービスは一部の低所得者だけでなく，一般的・普遍的なニーズとして徐々に顕在化していった。その結果1986年には，看護や介護，機能訓練に重点を置

き，高齢者に必要な医療ケアと日常生活サービスを提供する施設として老人保健施設が創設された。1989年4月に消費税が導入された後，同年12月に「高齢者保健福祉推進十ヵ年戦略（ゴールドプラン）」が策定され，特別養護老人ホーム・デイサービス・ショートステイなどの施設の緊急整備，ホームヘルパーの養成などによる在宅福祉が推進された。

1990年には老人福祉法など福祉関連8法が改正され，福祉施設への入所措置権限を市町村に移管し，都道府県と市町村に老人保険福祉計画の策定が義務づけられるなど，高齢者福祉の普遍化や分権化，多元化といったパラダイム転換が生じた（古川 1992）。措置制度が廃止された理由は，これまで措置制度はその対象を主に低所得者としてきたが，高齢人口の増大にともない所得に制限をつけない普遍的な福祉が求められるようになったからである。また，行政による一元的な供給から民間事業者による参入も認められるようになったが，その背景には，需要の増大に対応するためには公的部門だけに頼った供給だけでは対応できず，競争原理を導入することによってサービスの質を高めたり効率化を進めようとする意図があった。

しかし高齢化のスピードは1980年代後半から急速に高まり，1994年にはゴールドプランを改定した新ゴールドプランが打ち出された。新ゴールドプランでは在宅介護の充実に重点が置かれ，ヘルパーの確保，訪問看護ステーションの増強が積極的に進められた。これと並行して，市町村による高齢者福祉の税負担を軽減するための方法として介護保険の導入が検討され，1997年に介護保険法が成立し2000年に施行された。介護保険が始まって以降サービス利用者は急速に増え，1ヵ月平均の居宅サービス利用者は2000年度の123.6万人から2014年度には374.3万人へと3倍以上に拡大した。同様に施設サービスも，60.4万人から89.8万人へと1.5倍に拡大した。

介護保険が発足して以降，制度の改定がたびたび行われてきた。2003年には，要支援者への介護予防給付が組み入れられ，2006年には，中重度の要介護者が自宅で住み続けることを可能にする地域密着型サービスが新しく設けられ，これを支援するために地域包括支援センターが創設された。また，要支援者を2段階に区分して対象者を増やすとともに，介護報酬が引き下げられた。さらに2012年の介護保険制度の改定によって，「地域包括ケアシステム」を推進する方針が打ち出された。これは，団塊の世代が後期高齢者に達する2025年には要介護の高齢者が増大すると予想されるものの，従来の特別養護老人ホームや老人保健施設など入所型施設だけで対応することは困難であるため，自宅に住み続けながら訪問看護・介護を受けて

自立した生活を続けられるシステムを構築しようとするものである。

　ここで再び問題となるのは，自助，互助，共助，公助の関係である。地域包括ケアシステムを構築するために自助，互助の重要性が説かれているものの，単身高齢者が急増する状況下では，自助，互助だけで地域包括ケアの中心を担うのはきわめて困難であると予想される。イギリスにおける脱施設化のプロセスにおいて「コミュニティ・ケア」が謳われるようになったものの，実際に生じたのはコミュニティ「による」ケアではなく，コミュニティの「中での」ケアにすぎなかった（ピンチ 2001: 52）。イギリスにおけるコミュニティ・ケアの推進は，分厚い層のボランティアの存在を想定して推進されたものの，実際には女性にのしかかる負担が増大するという帰結をもたらしたという指摘は興味深い。

　地域包括ケアシステムの構築が急がれる理由は，団塊の世代が大都市に集中しており，大都市に居住する高齢者はコミュニティとの紐帯が弱いため，高齢者に対する日常生活の支援や介護などの相互扶助の活動も希薄であるという現状にある。高齢化が進む大都市郊外の団地では孤独死が頻繁に発生しており，後期高齢者が急増する近い将来にはさらに深刻化すると予想されるからである。

　大都市圏での高齢者人口の増大への対応策として政府が推進している日本版 CCRC（Continuing Care Retirement Community）構想（「生涯活躍のまち」構想）は，大都市圏における看護・介護労働力の不足や地方に比べてコスト高な入所施設，稀薄なコミュニティに起因する住民間の互助の弱さを補うための解決策として提案されている。増田（2015）による『東京消滅』では，地方移住を推進することが大都市圏の高齢化問題を解決する推進力になると主張されているものの，介護・看護労働力の不足は過疎地域においても深刻な問題となっているし，排他的なムラ社会が大都市からの移住者を暖かく迎え入れるとは考えにくい。

　近年の日本社会が直面する医療と介護の問題においては，次第に地理的な観点の重要性が高まっている。医療や介護のために地方に移住した高齢者が加齢すれば，その地域では医療や福祉サービスへのニーズが高まる。さらに，高齢化が大都市よりも早い段階から進んだ地方においても，すべての市町村でこうしたサービスが充実しているわけでもない。

　近年における高齢者福祉の展開に対して，地理学からの研究も次第に活発化している。介護保険の発足以前には福祉の問題に取り組む研究は乏しかったが，近年ではさまざまな視点から高齢化問題に取り組む研究が増えている。介護保険が始まった時期には，定量的に把握された医療サービス供給の地域格差を参照しながら，高

齢者福祉の地域的公正が考察された（杉浦 1997 など）。その一方，高齢者が地域に住み続けるか，それともより快適な環境を求めて移住するのかという高齢者移動の研究も登場するようになってきた（田原・岩垂 1999）。

　大都市圏では三世代同居こそ少ないものの，老親との関係を維持するために子ども世帯が近居する居住形態を選ぶ傾向が強く，農村部とは異なった社会関係が構築されている（田原ほか 1996）。地域包括ケアでは地域密着型サービスが謳われるようになっているため，そして前述したように高齢者のケアに対して果たすべき互助の役割には議論があるため，都市社会における社会関係の構築と高齢者ケアの問題とを関連づけた研究が今後さらに必要となってくる。

　高齢者ケアの問題に地理学が取り組む場合，やはり研究の根幹となる理念の問題を避けて通ることはできない。桐野（2014）は，医療に関する自由と平等の問題に関して，次のように指摘している。

　　すべての人々に必要な医療を提供するのは当然ではないか。
　　すべての人々が老後に支えられるのは当然ではないか。
　　イエスかノーか。そのどちらもイエスと答えれば，それは西ヨーロッパ諸国で採用され日本が 1980 年代まで求め続けてきた福祉国家の理想に近い。しかし，経済の成長が明らかに限定的となり，福祉国家の矛盾を解消してくれることができなくなってからは，この回答はおそらく，著しく明瞭さを欠いたイエスとならざるをえなくなった。そう，イエスではあるが，それには大きな制約がある，と。（桐野 2014: 212）

　一方，福祉に関しては，完全な平等は求められていないというのが一般的な理解である（池上 2014）。その根拠は，介護保険でカバーされるのは給付限度額までであり，限度額を超えたサービスは自己負担となっていることや，介護サービスの受給が措置制度から契約制度に変わり全国一律の介護認定基準によってニーズが決められるものの，より高い水準のサービスを求める高齢者は国が定める範囲を超えて購入することができるからである。

　もちろん，国民が医療や福祉に求める平等と自由，効率の度合いは国ごとに異なるし，同じ国であっても時代状況によってかなり変化する。それゆえ，医療や福祉を取り巻く社会全体の構造変化を視野に入れた考察が必要となるに違いない。

◆調べてみよう
あなたの友人は，どこの医療機関を利用しているのか調べてみよう。また同じ診療科目でも，性別によって利用する病院や診療所に違いはないのだろうか。

◆考えてみよう
あなたの親は，退職後にはどんな生活を送りたいと考えているのだろうか。現在の住所に住み続けたいと考えている親，地方でのんびりと暮らしたいと考えている親，海外で暮らしたいと考えている親，などさまざまな可能性を考えてみよう。

●第7章　参考文献

池上直己 2014.『医療・介護問題を読み解く』日本経済新聞出版社.
大沢真理 1993.『企業中心社会を超えて―現代日本を「ジェンダー」で読む』時事通信社.
梶田　真 2011. Bleddyn Davies の研究と英語圏地理学における受容. 地理学評論, 84: 99-117.
神谷浩夫 1997. 地域的公正と地域問題に関する覚え書き. 金沢大学文学部地理学報告, 8: 53-59.
神谷浩夫 2014. 社会地理学的視点の展開. 藤井　正・神谷浩夫編著『よくわかる都市地理学』10-15. ミネルヴァ書房.
神谷浩夫 2017. 受療状況と医療費支出. 宮澤　仁編著『地図でみる日本の健康・医療・福祉』明石書店.
桐野高明 2014.『医療の選択』岩波書店.
杉浦真一郎 1997. 広島県における高齢者福祉サービスと地域的公正. 地理学評論, 70A: 418-432.
田原裕子・荒井良雄・川口太郎 1996. 大都市圏郊外地域に居住する高齢者の生活空間と定住意志―埼玉県越谷市の事例. 人文地理, 48: 301-316.
田原裕子・岩垂雅子 1999. 高齢者はどこへ移動するか―高齢者の居住地移動研究の動向と移動流. 東京大学人文地理学研究, 13: 1-53.
中村　努 2017. 医療機関. 宮澤　仁編著『地図でみる日本の健康・医療・福祉』明石書店.
ピンチ, S. 著 神谷浩夫監訳 2001.『福祉の世界』古今書院. Pinch, S. 1997. *Worlds of welfare*. London: Routledge.
古川孝順 1992.『社会福祉供給システムのパラダイム転換』誠信書房.
増田寛也 2015.『東京消滅―介護破綻と地方移住』中央公論新社.
真野俊樹 2012.『入門 医療政策―誰が決めるか，何を目指すのか』中央公論新社.

# 第8章

# 安全・安心のまちづくり

## 1 都市と犯罪

### ■ 1-1 都市と犯罪との関係

　犯罪は，逸脱行動の一種である。逸脱行動とは，社会において共有されている社会規範に反するような行動を指し，犯罪や少年非行，薬物依存，売春などがこれに該当する。都市の逸脱行動の研究にとって大きな影響を与えたのは，シカゴ学派都市社会学の一連の研究である。

　第4章でも述べたように，シカゴは19世紀末から中西部の商工業の中心として急成長を遂げ，外国から大量の移民が押し寄せた。こうした中で，パークやバージェスは都市社会の変化を動植物の生態学概念に依拠して理解しようとする「人間生態学」を唱道した。人間生態学の考え方は社会ダーウィニズムの影響を強く受けており，同心円モデルで想定されている侵入→優占→遷移という過程を経て，移民集団の経済格差が都市における居住地セグリゲーションを生み出すと考えられている。そして，この居住地セグリゲーションの過程は，急激な都市化による社会変動→社会統制の弛緩→犯罪の増加という社会解体論と対応させられたのである。

　社会解体論の先駆とみなされているシカゴ学派の研究は，ショウとマッケイらによる『非行地区』(1929年)，ファリスとダンハムによる『都市における精神障害』(1939年) である。ショウとマッケイの研究では，スラム地区で犯罪率が高く郊外の中流住宅地では犯罪率が低い傾向が示され，ファリスとダンハムの研究では，精神障害の人が人口密度の高い地域に多く低い地域では少ない傾向が示された。両者に共通しているのは，逸脱行動を地図化することで都市社会と逸脱行動との結びつきを明らかにしようと試みていることである。

　ワース理論は，生活様式としてのアーバニズムに関する理論として知られ，都市的生活様式 (アーバニズム) は，人口規模の増大，人口密度の増大，人口の異質性な

いし分化の増大に原因があるとした。社会が解体することで，「アノミー（社会規範の動揺や崩壊などによって生じる混沌状態）」が高まるという。神谷（2002）は精神科診療所が大都市へ集中する傾向を明らかにしたが，そこでは，大都市でストレスが大きいことも精神科診療所が大都市に集中する傾向を生み出す1つの要因であると指摘している。しかし，精神科診療所が大都市に集中する原因はこれだけに限らない。医療保険の対象となる精神疾患への医療行為が拡大してきたことや，入院治療から在宅治療へと精神科医療が転換してきたこと，匿名性が高いという大都市社会の特徴が患者の受療行動を促進させること，従来は他人に隠す傾向があった軽度の神経症を隠さないようになりつつあること，なども精神科診療所の大都市集中に影響を与えている。

### ■ 1-2 犯罪の認知件数と暗数

犯罪の統計を見る場合には，暗数の存在を認識することが重要である。暗数とは，主に犯罪統計において用いられる用語であり，警察などの公的機関が認知している犯罪の件数（認知件数と呼ばれる）と実際に起きている件数との差を指す。統計に記録された犯罪件数は，実際に発生している犯罪の一部にすぎない。たとえば，万引きを発見しても警察に届けない場合もあるし，交通違反の件数のように警察に検挙されたもの以外にも数多く存在していると思われるものもある。暗数の大きさは社会の変化とともに変動するが，被害者が届け出るのを恥ずかしいと感じる性犯罪や，被害者の家族が加害者である家庭内暴力（DV）や児童虐待といった外部の者には気づきにくい犯罪，被害を第三者に報告することで報復の恐れがあるいじめなどは，暗数が大きいといわれている。

現代社会では，IT技術の発展によりコンピュータを利用した犯罪も急増している。他人のコンピュータに無断で侵入してデータを盗んだり改ざんしたりするハッキングや，データやプログラムを破壊するウィルスの使用が頻繁に起きている。けれどもこれらに対する効果的な対策は乏しく，新種のウィルスが登場するたびに新たなワクチンソフトを開発するしかない。

### ■ 1-3 近年の犯罪の動向

近年，若年犯罪の増大が大きな話題となっている。そして，安全・安心のまちづくりが警察関係者だけでなく，一般市民にとっても大きな関心となっている。日本の国民は，昔から「安全と水はタダである」と信じてきたといわれてきた。近年，こ

図 8-1　刑法犯認知件数の推移（出典：『平成 27 年度版　犯罪白書』）

うした状況は大きく変化しているのだろうか。日本で犯罪が増えているか否かをめぐって，大きな論争が巻き起こってきた。

　図 8-1 は刑法犯の認知件数の推移を示している。2002 年まで総認知件数は増えているが，それ以降は急激に減少している。しかも，2002 年までに増加した犯罪のほとんどは自転車盗のような軽微な窃盗犯罪である。また 2002 年以降は，ほとんどの罪名・罪種で減少傾向がみられる。具体的な数字を挙げながら，2005 年から 2014 年の 10 年間の認知件数の変化をみてみよう。殺人は -24.3 ポイント，強盗 -49.0 ポイント，傷害 -22.7 ポイント，暴行 +25.4 ポイント，脅迫 +50.8 ポイント，凶器準備集合 -37.5 ポイント，窃盗 -48.0 ポイント，詐欺 -51.5 ポイント，恐喝 -72.3 ポイント，横領 -68.1 ポイント，強姦 -39.8 ポイント，放火 -42.6 ポイント，贈収賄 -66.7 ポイント，公務執行妨害 -14.8 ポイント，住居侵入 -48.2 ポイント，器物破損 -38.2 ポイント，偽造 -71.7 ポイント，となっている。つまり，暴行と脅迫以外の犯罪は，顕著に減少しているといえる。

　けれども一般市民の多くは，日本において犯罪が増加していると感じている。このように，実際の犯罪統計に基づいた治安に対する認識ではなく，人々が治安状況に対して直感的に感じる印象は，「体感治安」と呼ばれている。この語は，1995 年に当時の警察庁長官であった國松孝次が松本サリン事件や地下鉄サリン事件を受けて作り出した造語である。市民が社会の治安に対して抱く印象は，テレビや新聞な

どのマスコミによって大きな影響を受けるのである。

一方河合（2004）は，近年の犯罪の手口が以前と比べて変化していることが，治安の悪化を感じる人々を増大させた要因であると指摘している。すなわち，犯罪者の技量が低下して「すり」のような熟練を要する犯罪が減少し，携帯電話で仲間を呼び集めて集団で行き当たりばったりの犯行に及ぶことが多くなっているという。さらに警察による犯人の検挙率は重要事件に関しては高水準を維持しているものの，軽微な犯罪に手が回らなくなったために全体の検挙率は低下していると解釈されている。こうした背景に加えて，近年では犯罪の発生場所や時間，被害者がこれまでとは大きく異なっているために，人々は犯罪が増えているという認識を抱くようになったという指摘も興味深い。すなわち，深夜に及ぶ犯行が減少し，昼間の時間帯に行われる犯罪が増え，空間的には都心部のオフィス街・繁華街から閑静な住宅街へと拡散し，主婦や無職の女性がひったくりの被害に遭う事件が増えているため，犯罪が身近なところで起きるという認識が高まっているという（河合2004）。近年では被害者の人権が強く叫ばれるようになり，しかも市民は司法よりも厳罰指向が強い傾向がみられるため，そうした認識にいっそう拍車がかかっていると考えられる。

河合（2004）の主張を要約すれば，(1) マスメディアによって殺人などの凶悪犯罪がセンセーショナルに報道されることで犯罪が増えているような印象を与えていること，(2) 被害者の人権意識が高まり犯罪者に対して厳罰を求める風潮が強まっていること，(3) 犯罪者の技量が低下したため，被害者に負傷させることのなかった「すり」や「恐喝」などの犯罪から，被害者を負傷させてしまう「強盗致傷」などの犯罪が増大したこと，(4) 行き当たりばったりの集団による犯罪が増え，詐欺やすりのような高い技量を要する犯罪が減っていること，(5) これまで繁華街・オフィス街で深夜に多かった犯罪が郊外住宅地で昼間に起きるようになったため，犯罪を身近な問題と認識する人が増えてきたこと，(6) 警察による統計の取り方が変化して痴漢や列車内での暴力事件なども統計に加えられるようになったこと，などが犯罪増加の印象を与えていると考えられる。実際には，依然として若年層の殺人は先進国の中でも最低レベルであり，件数も全般的には減少傾向にある。

その一方，少年犯罪の凶悪化を指摘する意見も根強い。たとえば前田（2000）は，少年の犯罪状況が一般に考えられている以上に深刻であると主張している（前田2000: 6）。けれども土井（2003）は，戦後という長期のタイムスパンでみれば少年による凶悪犯罪は1960年代に比べると大きく減少しており，殺人事件によって摘発

された少年の人数も1970年代以降ほぼ横ばいであり，強盗事件だけが1990年代に入って再び増加する傾向を示しているにすぎないと述べている。さらに少年による強盗犯罪の内実は，凶悪化というよりもむしろ幼稚化であるとの見解を示している。

日本社会全体としては，少年犯罪の凶悪化を指摘する声を背景にして，少年法の厳罰化が進んでいる。少年法が厳罰化の方向に向かっている背景には，神戸連続児童殺傷事件（1997年），西鉄バスジャック事件（2000年），長崎男児誘拐殺人事件（2003年），山口女子高専生殺害事件（2006年）など，少年によって引き起こされた重大事件に対して，国民の中から少年に対して犯した罪に見合った罰を与えるべきであるとする意見が強まったことにある。

その結果少年法の改正が行われ，2000年には刑事罰対象が16歳以上から14歳以上へと引き下げられた。2007年の改正では，少年院の年齢下限が14歳からおおむね12歳へと引き下げられ，14歳未満でも警察による強制的な調査が可能となった。また，2014年の改正では，罪を犯した少年に言い渡される有期刑（懲役・禁錮）の上限が引き上げられた。

犯罪統計から読み取れる犯罪の認知件数の減少傾向と犯罪者に対する厳罰化の動きの矛盾は，どのように説明されるのだろうか。浜井（2009）は，厳罰化が起きるメカニズムをポピュリズム刑事政策（Penal Populism）と呼んでいる。

> マスコミが劇場的な犯罪報道を繰り返すことで（治安悪化キャンペーン），事実とは関係なく，治安が悪化したと多くの市民が不安感を持つようになる。それが犯罪に対する不安，犯罪者に対する怒りや憎しみといった感情的な反応を市民の中に生み出す。その怒りは，次第に刑事司法制度にも向けられるようになり，裁判所等が犯罪者に対して甘すぎるといった批判が巻き起こる。その結果，専門家による解説や統計的な事実が軽視されるようになり，政治家も巻き込んで，法と秩序キャンペーンが巻き起こり，力による犯罪対策，つまり警察力の増強や厳罰化といった分かりやすい対策が選択されるようになる。これが「Penal Populism」の典型的なパターンである。（浜井 2009）

厳罰化をめぐるポピュリズム刑事政策の議論は，上で述べたように，治安悪化の印象をもつ人が増大している理由を考察している河合（2004）の理解とかなり類似している。両者に共通しているのは，犯罪認知件数の増減を解釈するには，ラベリング理論あるいは構築主義的な考え方が適切であるという点にある。ラベリング理

論とは，逸脱行動に関する理論であり，シカゴ学派のハワード・ベッカー（Howard S. Becker）らによって提唱されたものである。逸脱行動を客観的に定義されるものとしてではなく，周囲からのラベリング（レッテル貼り）によって生み出されるものととらえる考え方である。構築主義（constructionism）は，ラベリング理論で対象とされている逸脱行為だけでなく，その対象を人々の社会認識全体に拡張したもので，社会現象が客観的もしくは物理的に存在しているのではなく，人々の認識によって社会的に構築されていると考える社会学の理論的立場を指している。こうした考え方は，対象や現象には実体があるとする本質主義（essentialism）の考え方とは対照的である。

つまり，図8-1（☞ p.99）に示されている1998年頃からの犯罪認知件数の増大と2003年以降の犯罪認知件数の急激な減少は，犯罪の発生そのものが増えている，あるいは減少しているというよりも，犯罪統制側（警察と検察）の活動方針の変化による影響が大きいと理解されている。犯罪統制側の活動方針の変化に影響を及ぼしているのは，(1) 2004年に制定され2008年から施行された裁判員制度の導入によって検察も警察も負担が増大したため，非裁判員裁判事件をできるだけ簡易に処理しようという傾向（「前裁き」あるいは「コンバージョン」と呼ばれる），(2) 少年法改正やクレジットカードの偽造・使用に関する罰則化，各都道府県での痴漢行為に対する迷惑防止条例を厳罰化する改正，飲酒運転による悪質な死亡事件に対する罰則強化など（これまで実刑にならなかった者を刑務所に入れたりするという意味でネット・ワイドニング（法の網の拡大）と呼ばれる），(3) 1999年から犯罪被害者からの相談に積極的に応じる通達が警察庁から各県警に出され，警察は被害者からの訴えがあればすぐに対応する方針に転換し，埋もれた犯罪被害の掘り起こしのために駅に痴漢相談所など被害者相談窓口が整備拡充されたこと，などがある（浜井 2013）。

アメリカ合衆国やニュージーランドなど，日本と同様に厳罰化の方向に進んでいる国では犯罪が減少しているが，しかし厳罰化を採用していない国でも犯罪は減少傾向にあるため，犯罪の減少は刑事政策とは関係なく先進国に共通した現象と捉えられている（宮澤 2013）。

■ 1-4　高齢者と外国人の犯罪

日本社会が急速に高齢化するにともない，犯罪も変化しつつある。年齢と犯罪の間には密接な関係がみられ，犯罪の半数以上は30歳未満の若者によって行われる（浜井 2013）。少子高齢化が進むと，犯罪の主な担い手である若年層の人口が減少し，

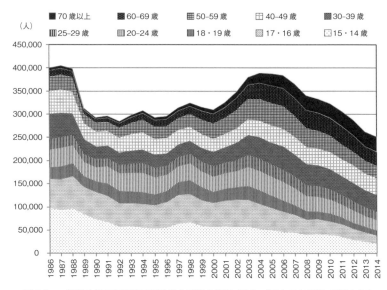

図 8-2　一般刑法犯の年齢階層別検挙人員数の推移（出典：『平成 27 年度版　犯罪白書』）

　犯罪の総数は減少する（浜井 2011）。これは，先進国に共通して認められる現象である。日本では，1970 年以降高齢化が進むとともに，高齢者による犯罪の増加傾向が現れてきた（図 8-2）。窃盗犯の人口当たり検挙人数を年齢別に検討した浜井（2011）によれば，1970 年には年齢が上昇するにつれて窃盗犯の検挙人数は急激に低下するパターンを示していたが，2005 年には年齢が上昇しても 20 代，30 代と同様の検挙人数を示すようになっている。浜井は高齢者の犯罪が増加した理由を，デフレや不況の深刻化に求めている。また，そうした推測の根拠として，中高年の自殺の増大や生活保護世帯の増大を挙げている。つまり，高齢者犯罪の増加は，高齢者が増えたことによってもたらされたのではなく，加齢にともなって犯罪から足を洗う傾向がみられたこれまでのパターンが消滅したことによってもたらされたのである。
　高齢者による犯罪は，急速な高齢化の中で社会福祉や社会保障を十分に受けられないことが背景となっている場合が多い。年金額では十分な生活が送れずに窃盗に走ったり，医療費や介護費の負担が高額なために自宅で配偶者や親を介護せざるを得ない状況に置かれ，老老介護の疲れから母親を殺害したりする事件が発生するようになっている。高齢者が犯す犯罪で多いのは，窃盗，詐欺，横領であり，この 3 つの財産犯が高齢者の犯罪の約 9 割を占めている（佐藤 1993）。1991 年における高齢

者の窃盗の手口は，万引き，自転車盗などの非侵入盗が96.5%と圧倒的に多い。逆に，空き巣や忍び込み，店舗荒らしなどの侵入盗はきわめて少なく，また万引きした品物も食料品や衣料品など被害額の小さいものが大部分である（佐藤1993）。窃盗を犯した高齢者は，高齢のために就労できず年金などの社会保障も少ないために，経済的・社会的・心理的に疎外された孤独で貧しい老人であると特徴づけられている。一方，高齢者による殺人や放火もみられないわけではない。殺人や放火は凶悪な犯罪というイメージをもたれがちであるが，実際にはやり方次第では体力や腕力を必要としないことから，「弱者の犯罪」と呼ばれている（瀬川1998）。一方，犯罪の被害者として高齢者が狙われるケースも増えている。高齢者が被害に遭いやすい犯罪は，放火，詐欺，住居侵入，横領の順となっている（佐藤1993）。全般的にいえば，高齢者は身体に関する被害を受けにくく，住居や財産に関する被害に遭いやすいという。高齢者の財産を狙った犯罪は，悪徳商法詐欺事件が代表的であるが，こうした犯罪が増大している原因の多くは加害者側の商道徳低下に原因が求められている。その一方，老後の生活に不安を抱く高齢者の心理につけこんだ犯罪ともいえる。高齢者の身体的な衰えや運動神経の低下は，交通事故被害者の増大にもつながっている。

　高齢者の犯罪は，窃盗や詐欺など軽微なものが多いため，軽い処分で済まされる場合が多い（図8-3）。けれども，たとえ軽微な犯罪でも前科があったりすると実刑判決が下りることが多く，そのため日本の刑務所は非常に多くの加重累犯者を収容

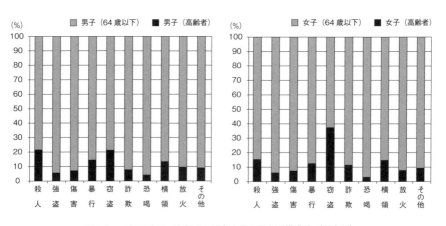

図8-3　一般刑法犯　高齢者の検挙人員の罪名別構成比（男女別）
（出典：『平成27年度版　犯罪白書』）

している状態になっており，世界的にみて受刑者の高齢化が著しい（鮎川 1997）。犯罪が常習化した高齢犯罪者は社会復帰が困難で，刑務所と社会を往復することになる。高齢受刑者の大半は窃盗犯，特に軽微な財産犯である。その犯罪は，万引きや自転車盗，置き引き，賽銭盗，無銭飲食詐欺，無銭宿泊などで，そのほとんどは被害額が5万円以下であるという（鮎川 1997）。また，刑期も比較的短期で，彼らは単身で住所不定の者が多い。受刑者が高齢になればなるほど，出所後の社会復帰は困難になる。犯罪者が社会に復帰する際には，家族にその受け入れを求めがちであるが，犯罪者には戻るべき家族がいない場合や受け入れ環境に恵まれない場合が多い。それゆえ高齢犯罪者の更正には，家族に頼るだけでなく社会福祉など関連機関との連携が求められる（佐藤 1993）。同時に高齢犯罪者は，加齢による身体的，精神的，社会的な衰弱だけでなく，「犯罪を犯した」というハンディ・キャップも背負うことになる。犯罪者に対する一般社会の視線も冷たく，地域社会から出所者を受け入れる者を排除したいと望む人々も少なくないという。それゆえ，高齢犯罪者を受け入れるための態勢は，老人施設や病院などの施設面だけでなく，地域住民が精神的にどれだけ暖かく迎え入れることができるのかにもかかっているという。

　経済活動のグローバル化にともなって，犯罪も国際化が進んでいる。外国人犯罪が意味するものは，(1) 日本に滞在する外国人による犯罪，(2) 日本を含む多国にまたがる犯罪に関与する外国人による犯罪，の2種類がある（染田 1994）。前者は，メディアで報道される日本国内における外国人犯罪の増加として話題になっている。一方後者は，薬物犯罪など国際的な組織犯罪の拡大を指している。

　前者の日本に滞在する外国人による犯罪については，増えているという主張がある一方で，それほど増えていないという主張も存在する。前田は，「最近の来日外国人犯罪の増加率は，一般に考えられている以上に急激なものであるといえよう」（前田 2003: 62）と述べ，東京の留置場が満杯となっている原因は外国人犯罪によるものであると述べている。これに対して，来日外国人には超過滞在者や観光ビザによる入国者，その他就労ビザや研修など正規に滞在している外国人すべてが含まれており，正規に滞在している外国人や超過滞在者に不当に犯罪者のレッテルが貼られていることや，超過滞在者の多くは出入国管理法違反で逮捕されていることなどを挙げて，外国人による犯罪が誇張されているという主張もある（外国人差別ウォッチ・ネットワーク 2004）。確かに，前田が根拠に挙げている数値は絶対数のみである。日本にやってくるニューカマーと呼ばれる外国人は1980年代に入ってから急増しており，母集団となる来日外国人数が急増したことはほとんど考慮されていない。さ

らに，一般刑法犯検挙人数に占める来日外国人の割合は2％前後でここ10年間ほとんど変化しておらず，凶悪犯（殺人，強盗，強姦，放火）の検挙人数に占める来日外国人の割合もさほど変化していないとの反証が示されている（外国人差別ウォッチ・ネットワーク2004: 11-14）。外国人犯罪を考える場合，(1) 日本で就労する外国人は日本社会の中で排除され差別されているために，アンダーグラウンドな生活手段を選択せざるを得ないこと，(2) 日本人なら警察官が諭すことで済まされることでも，相手が外国人なら事件として処理され，数字が押し上げられる傾向があること，(3) 偏見や言語上の制約から外国人は冤罪に陥れられやすい，といった点を考慮に入れなければならないとの主張は，かなりの説得力をもつ（外国人差別ウォッチ・ネットワーク2004: 17）。

一方現実問題として，日本に滞在する外国人はここ20年間で大きく増加している。その多くは日本で働くためにやってきている外国人労働者である。日本とアジア諸国との経済格差が存在する限り，その流れを押しとどめることは難しいし，また外国人労働者なしでは日本経済は成り立たない状況にある。問題となるのは，経済的貧困層と外国人労働者が重なる傾向にある点にある（清水1991）。北アフリカからフランスに流入した外国人労働者やその子どもたちは，帰化した後にもホスト社会との文化的な軋轢に直面する。また経済的にも貧困状態にあることから，ホスト社会の文化を伝達する教育機関になじめず，その結果，不就学や退学，学業不振，教師への反抗，上級教育機関への非進学が生じる。メリトクラシーの支配的な現代社会において教育機関からの退出は社会的威信の低い職業に就かざるを得ない結果を招き，フランスでは文化資本の乏しい階層が外国人移民世帯の中で再生産されるという（清水1991）。現代の日本においては，ニューカマーの外国人が流入してまだ間もないため，そして日本で暮らす外国人の数も西欧諸国に比べれば小さいため，こうした問題はさほど表面化していないものの，今後さらに日本で暮らす外国人は増えると予想されるため，日本社会の中で多文化共生を推進する施策が重要となってくる。

## 2 環境犯罪学と安全・安心まちづくり

### ■ 2-1 環境犯罪学

都市環境と逸脱行動との関係を説明する理論は，多かれ少なかれ環境決定論の影響を受けている。シカゴ学派による逸脱行動の研究は，逸脱行動の空間的な分布を

明らかにすることで，非行を生み出す社会的な要因と環境を関連づけようとしてきた。けれども，犯罪に関する空間的なデータは入手が難しく，地域の環境を示す要因と非行との関連性は明瞭には浮かび上がってこなかった。そのため，日本ではシカゴ学派によって報告されたような非行者が多くみられる地域は確認できず，非行は大都市の繁華街や歓楽街で生じていることだけが明らかとなった。

　都市環境と犯罪との関係を分析する際には，その基本的な前提として犯罪の発生が地域ごとにかなり異なるという事実認識が必要である。けれども，犯罪を地図化する作業には大きな労力が必要であること，また日本ではこれまで犯罪率の低い比較的安全な社会であり犯罪の研究に対する社会的な関心も低かったことから，都市の環境と犯罪の発生との関連性に関する調査は十分に進められてこなかった。

　こうした沈滞を打破する契機となったのが，環境犯罪学の台頭である。これまでの犯罪研究は，犯罪の原因を犯罪者の人格（精神病理）や境遇（社会病理）に求める犯罪原因論が主流であったが，そうしたアプローチでは犯罪の原因を解明するのが困難であるだけでなく，犯罪への対策も難しいという見方が広まってきた（瀬川 1998）。簡単にいえば，「犯罪者は非犯罪者とはかなり違っており，その差異のために「ある人は罪を犯すが，他の人は犯さない」ということを前提としていた」（小宮 2005: 27）。そして，刑罰によって犯罪者から犯罪原因を除去するための処遇を定め，刑務所では犯罪者の異常な人格を「矯正」し，保護観察では境遇からの「保護」が行われてきた。ところが欧米諸国では犯罪が増え続け，犯罪の増加に対して従来の刑事政策が抑止効果をもたないという悲観論が台頭してきた。そして，犯罪原因論に代わって登場してきたのが，犯罪の機会を与えないことによって犯罪を未然に防ごうとする「犯罪機会論」の考え方であり，犯罪が行われにくい環境を解明して実際に役立てようとする環境犯罪学が盛んとなってきた。

　こうした環境犯罪学の考え方に大きな影響を及ぼしたのは，ニューマン（1976）の『守りやすい住空間』とジェイコブズ（1969）の『アメリカ大都市の死と生』である（守山 1998）。ジェイコブズは，都市における近代的な土地利用の純化によって形成された閑静な住宅地域，商業地域，工業地域といった整然とした都市空間は，アメリカ合衆国のような人種や所得階層による居住地分化（セグリゲーション）が顕著な社会において犯罪の温床になりやすいと主張する。むしろ，多様な土地利用と稠密な人口密度によって，公権力の介入なしで安全性が確保できるという。一方ニューマンは，ニューヨークにおいて高層公営住宅の空間構造と犯罪との関係を調査し，「守りやすい住空間」，すなわち犯罪が起きにくい住環境の条件を明らかにし

た。それらは，自然な監視，領域性，世間的評判，隣接地域の安全の活用，という4点である。こうした考え方は，「防犯環境設計（CPTED: Crime Prevention through Environmental Design）」という考え方に結実している。イギリスの犯罪予防で活用されている「状況的犯罪予防（situational crime prevention）」も，これと類似した考え方である。防犯環境設計は，物的環境の設計や人的環境の改善を通じて犯罪者が犯罪を犯しにくい環境を作り出そうとするアプローチであり，建築学や都市計画などハード面での防犯まちづくりを目指そうとするものである。これに対して，「割れ窓理論（broken window theory）」は，荒れ果てた建物を象徴する割れ窓が放置された状態はその地域が良好な環境を維持しようとする意欲や関心に乏しいことを表しており，犯罪者はそれを見て「犯罪を犯しても見つからないだろう」「犯罪を実行しても通報されないだろう」と了解して犯行に及ぶというものである。それゆえ「割れ窓理論」に基づく防犯まちづくりは，近隣にある環境の悪化した建物（地域での些細な環境悪化の兆候）を発見したら放置せず，すぐに改善策に取り掛かることで，犯罪の温床となることを防ごうとするものである。言い換えれば，地域の住民は自分の居住する地区に怪しげな行動をとる人物の侵入を許さないという意識を高め，自宅だけでなく周辺の道路や建物にも注意と関心を払う，といったソフト面に重点が置かれる。

　環境犯罪学とほぼ同じ時期に登場したのが，犯罪の被害に遭いやすい状況を明らかにして防犯に役立てようとする被害者論である。これまでの研究は犯罪原因論が主流であったために犯罪加害者の人格や境遇に注目してきたが，被害に遭いやすい人の行動パターンや状況を解明することが犯罪の予防に役立つという考え方が広まってきた。そうした考え方の代表は，ライフスタイル理論と日常活動理論である。ライフスタイル理論では，犯罪に接触しやすいライフスタイルをとっている者（たとえば深夜の外出，一人暮らし，都市部での生活）が実際に犯罪の被害に遭いやすいと指摘されている（瀬川 1998）。日常活動理論では，被害者のライフスタイル（デイリープリズム）と加害者のライフスタイル（デイリープリズム）が交わり，さらに交わった場所で犯罪を抑止する監視が存在しない場合に犯罪が発生すると主張されている。犯罪への恐怖に関する研究は，フェミニスト地理学の影響を受けて欧米の地理学において活発に行われており（たとえば Valentine 1992; Pain 1991），被害者に注目している点では被害者学の視点に近いといえる。しかし，最近の欧米における被害調査によれば，一般のイメージでは「高齢者」「女性」「社会的弱者」が犯罪被害に遭いやすいと考えられているが，実際には「男性」「30歳未満」「独身」「夜間外出」「多

量の飲酒」などの要素をもつ人が被害者になりやすいという (瀬川 1998)。それゆえ，犯罪に対して抱いている不安感と実際に犯罪被害者となる確率との大きなギャップは，今後取り組むべき研究課題となっている。

　雨宮ほか (2006) によれば，日本において「防犯まちづくり」「安全・安心まちづくり」という用語が新聞記事に頻繁に登場するようになったのは 2000 年代に入ってからである。防犯への関心が高まった原因として，いくつか指摘されている。第1に，1990 年代末から強盗や傷害，暴行，恐喝，脅迫の認知件数が増大傾向に転じたこと，第2に，犯罪に対する厳罰傾向が強まり被害者の人権が主張されるようになったこと，第3に，これまで犯罪が少なかった昼間の時間帯や郊外住宅地でも発生するようになって犯罪への不安感が高まったこと，などが指摘されている。さらに，バブル崩壊後に失業率が上昇し，所得格差が拡大したという社会的な背景も存在する。

　犯罪原因論から犯罪機会論への転換によって，これまで犯罪の研究に関心が薄かった建築学や都市計画学などでも，防犯まちづくりのための環境整備に関する研究が急速に進展した。日本の地理学では，犯罪の研究はほとんど扱われてこなかったが，犯罪機会論の隆盛にともなって犯罪研究への関心が高まりつつある (若林 2009)。

　地理学において犯罪への関心が高まった背景には GIS の発展が大きい。犯罪原因論の場合には，犯罪者の居住地の分布図を描いてその地域的な特徴を明らかにすることが地理学的なアプローチの中心となり，犯罪機会論の研究では犯罪の発生地点の分布図を描くことで地域の特性を解明することが中心となる。前者はシカゴ学派の流れを汲むものであるが，日本の場合には欧米の都市ほどにはセグリゲーションが明確ではないことや，犯罪者の居住地に関するデータを入手するのが難しいことから，これまでのところほとんど調査されていない。一方後者の研究は，原田 (2001)，島田ほか (2002) などによって，犯罪の発生地点が地図化されている。このうち原田 (2001) は窃盗犯罪に分類される空き巣，車上ねらい，自動販売機荒らしと，暴力犯罪の典型である暴行・傷害の4種類について東京 23 区内の発生密度や 1996 年～ 2000 年の増減の地域的なパターンを分析している (図 8-4-7)。空き巣の発生密度は，山手線の西側のいわゆる山の手地域で高い傾向がみられる一方，車上ねらいの発生密度は下町から足立区・葛飾区・江戸川区にかけて高くなっている。自動販売機荒らしの分布は山手線沿線で高い傾向がみられ，特に秋葉原から品川にかけての駅周辺で高くなっている。暴行・傷害の分布は，窃盗犯罪とは異なったパターンを示し，JR および私鉄の主要駅周辺に集中している。空き巣と車上ねらいの分

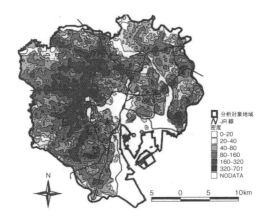

図 8-4　空き巣の発生密度の分布（出典：原田 2001）

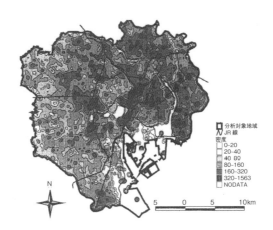

図 8-5　車上ねらいの発生密度の分布（出典：原田 2001）

布は対照的であり，空き巣が山の手に多く下町で少ないのは，山の手は人通りの少ない住宅地で犯罪が目につきにくいのに対して，下町は住工が混在しており，人の出入りが多く近所の監視の目が行き届きやすいためであると考えられる。一方，車上ねらいについては，山の手では自宅の敷地内に車庫があるために外部から車に近づきにくいのに対して，下町では自宅から離れたところに駐車することが多く被害に遭いやすいと思われる。自動販売機荒らしは，一見すると駅周辺が多いが，秋葉

第8章 安全・安心のまちづくり　111

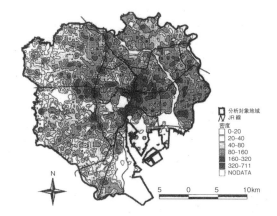

図8-6　自動販売機荒らしの発生密度の分布（出典：原田 2001）

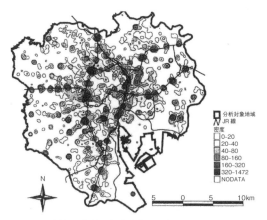

図8-7　暴行・傷害の発生密度の分布（出典：原田 2001）

原から品川の山手線の駅周辺の分布が多いことから，昼間は人通りが多いものの夜になると人通りが途絶えるオフィス街での発生が多いと推測される。

　こうした犯罪の地図作成（クライム・マッピング）の実務的な目的は，犯罪が発生しやすい場所や時間帯を明らかにすることによって，限られた警察の人的資源を重点的に投入して防犯施策の効率化を図ろうとするものである。犯罪が特に集中する地点は，「ホットスポット」と呼ばれている。上で紹介したように，犯罪の種類に

よってホットスポットとなる場所は異なるし，集中の程度もさまざまである。GIS（Geographic Information System：地理情報システム）を用いることで，犯罪の種類や手口，発生時間帯ごとに地域的な分布の分析が可能となるのである。ただし，犯罪多発地域で防犯活動が活発化することによって，犯罪の発生地点が周辺地域に移動する現象，つまり「犯罪の転移」が起きるとの主張もあるが，これまでのところ「犯罪の転移」が起きるか否かは明らかとはなっていない。

GISは犯罪発生地点の分析だけでなく，連続殺人や連続放火，連続強姦などの犯罪捜査において犯人像を割り出すための手段としても活用が始まっている（ロスモ 2002）。「地理的プロファイリング」と呼ばれるこうした手法では，犯罪者は居住地と職場や余暇の活動場所との間（活動空間）で犯罪を実行することが多いことから，メンタルマップやアンカー・ポイント理論といった行動地理学の成果も活用されている。

### ■ 2-2 公共空間の変容

都市における防犯は，道路や公園，学校，駅，オフィスビル，駐車場，百貨店，スーパーマーケット，コンビニエンスストア，商店街といった公共空間だけでなく，一般住宅やマンションなどさまざまな場所で進んでいる。その際，防犯を実行する主体はさまざまであり，防犯に活用される具体的手段も多様である。防犯の主体として特徴的なのは，従来の防犯が警察を中心に考えられていたのに対して，割れ窓理論などから導かれるように，最近では住民や地域社会も防犯に重要な役割を果たすべきであるとの認識が高まりつつある。これは，「コミュニティ・ポリシング（Community Policing）」と呼ばれ，警察と地域社会がパートナーシップを通じて地域の防犯にあたろうとするものである。自治体によっては「生活安全条例」を制定して住民の防犯意識を高揚させ，自警団を結成して巡回を行ったりしている。日本の交番制度はコミュニティ・ポリシングの観点からみれば時代を先取りしたものであり（ベイリー 1977），他の国々でも取り入れられてきた。

さらに，地域の安全を確保するためには常に監視する必要があるという考え方から，さまざまな場所に監視カメラ（CCTV：閉回路ビデオ）が設置されるようになっている。繁華街の交差点はもとより，商店街，銀行のATM，コンビニエンスストア，鉄道駅など至るところに監視カメラが設置され，不審者の行動に目を光らせている。マンションではオートロックはもちろんのこと，戸建住宅でもセンサーを活用して自宅周辺で人の気配を察知したらライトが点灯するセンサーライト，シャッ

ターの開閉異常を感知するシャッターセンサー，ガラス窓の破壊に反応するガラスセンサーなど，防犯グッズが幅広く活用されている（五十嵐 2004）。さらに玄関には，警備会社と契約している貼り紙が外部からの来訪者に対して睨みを利かせている。日本の警備会社は 1964 年に開催された東京オリンピックを契機に急成長を遂げたが，当初は事業所を主な顧客として現金輸送の警備を手がけてきた。しかし近年，一般の住宅に警備サービスを提供するホームセキュリティ事業が急成長を遂げ，携帯電話会社などもホームセキュリティ事業に参入している。携帯電話会社によるサービスの特徴は，携帯電話に組み込まれている GPS を使って，子どもが不審者に連れ去られないように外出先の位置を確かめたり，認知症の高齢者が行方不明にならないように現在地を確かめるサービスの提供にある。見方を変えれば大人が自分の家族を監視するシステムでもある。また，指紋や顔から本人であることを確認する生体認証システムの導入も急速に進められており，将来はドアや車の鍵に取って代わると予想されている。こうして都市のあらゆる局面で監視システムが用いられるようになりつつある現代社会では，われわれのすべての行動が監視されているといえる。犯罪から身を守るためにわれわれは監視を必要とする一方で，監視社会は人々のプライバシーを奪う。クレジットカードで決済すれば，個人情報がクレジット会社から盗まれて悪用される可能性があるし，街角のコンビニエンスストアに設置された現金自動支払機でお金を引き出せば，その姿は防犯カメラに記録されている。

　ホームセキュリティを近隣全体で推し進めた姿は，アメリカ合衆国のあちこちに登場しているゲーテッド・コミュニティである。ゲーテッド・コミュニティとは，住宅と道路をゲートで囲い込むことで外部からの侵入者を防ぐとともに，民間警備会社にゲート内の警備を委託してセキュリティを確保しようとする住宅地のことである（ブレークリー & スナイダー 2004）。アメリカ合衆国では排他的ゾーニングが頻繁に用いられ，所得階層によるセグリゲーションが明瞭であることから，郊外には広大な庭とプールをもった戸建住宅が立ち並ぶ白人の高級住宅地，都心周辺部には零細小売店や飲食店とアパートが入り乱れたエスニック・マイノリティの低所得者地区というコントラストが明瞭である。日本でも 2000 年頃から，セキュリティ・タウンという名称でさまざまな防犯対策を施した住宅地を不動産会社が販売している（五十嵐 2004）。こうした住宅は高価であり，所得階層の高い人々だけがセキュリティを買って住むことができる（図 8-8）。日本の都市は，アメリカ合衆国の都市に比べるとセグリゲーションが明瞭ではないが，ゲーテッド・コミュニティに類似し

図 8-8　東京都世田谷区にあるゲーテッド・コミュニティ（2012 年，筆者撮影）

た排他的な空間の出現は，所得格差が拡大しつつあることを示唆している。皮肉なことに，セキュリティ・タウンやゲーテッド・コミュニティで実現されている監視は，多様な人々が住まうことから得られる近所づきあいを通じたさりげない監視を，均質な居住者を塀や柵で囲い込んだ住宅地の中だけの IT とハイテク技術，民間警備会社による監視へと変質させつつある。

◆調べてみよう
あなたや友人たちが被害にあう可能性の高い IT の犯罪にはどんなものがあるのだろうか。また，被害を防ぐ有効な方法はあるのだろうか。

◆考えてみよう
近年，日本の各地で防犯まちづくりが叫ばれるようになっている。では，防犯まちづくりを活性化することで防ぐことが可能となるのは，どんな種類の犯罪だろうか。また，防ぐことが困難なのはどんな種類の犯罪なのか考えてみよう。

●第8章　参考文献

雨宮　護・横張　真・渡辺貴史 2006. 日本における防犯まちづくりへの批判論の構造―1998年以降に現れた言説を対象に. 日本都市計画学会都市計画報告集, 52-10: 124-131.
鮎川　潤 1997.『犯罪学入門―殺人・賄賂・非行』講談社.
五十嵐太郎 2004.『過防備都市』中央公論新社.
外国人差別ウォッチ・ネットワーク 2004.『外国人包囲網―「治安悪化」のスケープゴート』現代人文社.
神谷浩夫 2002. 精神科診療所の立地における大都市集中の意味. 経済地理学年報, 48: 221-237.
河合幹雄 2004.『安全神話崩壊のパラドックス―治安の法社会学』岩波書店.
小宮信夫 2005.『犯罪は「この場所」で起こる』光文社.
佐藤典子 1993. 高齢者犯罪をめぐる諸問題―公的資料から見た高齢犯罪者の実態. 犯罪社会学研究, 18: 4-23.
ジェイコブス, J. 著 黒川紀章訳 1969.『アメリカ大都市の死と生』鹿島研究所出版会.
島田貴仁・鈴木　護・原田　豊 2002. Moran's I 統計量による犯罪分布パターンの分析. GIS-理論と応用, 10: 49-57.
清水賢二 1991. 外国人労働者と安全論―犯罪防止論における視座組替えへの一つの提案. 犯罪社会学研究, 16: 36-55.
瀬川　晃 1998.『犯罪学』成文堂.
染田　惠 1994. 外国人犯罪に関する国内の研究動向. 犯罪社会学研究, 19: 131-143.
土井隆義 2003.『非行少年の消滅―個性神話と少年犯罪』信山社出版.
ニューマン, O. 著 湯川利和・湯川聰子共訳 1976.『まもりやすい住空間―都市設計による犯罪防止』鹿島出版会.
浜井浩一 2009. グローバル化する厳罰化とポピュリズム. 日本犯罪社会学会編 2009.『グローバル化する厳罰化とポピュリズム』6-15. 現代人文社.
浜井浩一 2011. 少子・高齢化が犯罪に与える影響とその中で持続可能な刑罰（刑事政策）の在り方―犯罪学からの提言. 犯罪社会学研究, 36: 76-106.
浜井浩一 2013. なぜ犯罪は減少しているのか. 犯罪社会学研究, 38: 53-77.
原田　豊 2001. 日本の大都市における犯罪発生の地理的分析. 犯罪社会学研究, 26: 71-92.
ブレークリー, E. J., & スナイダー, M. G. 著 竹井隆人訳 2004.『ゲーテッド・コミュニティ―米国の要塞都市』集文社.
ベイリー, D. 著 新田　勇・兼元俊徳・平沢勝栄訳 1977.『ニッポンの警察―そのユニークな交番活動』サイマル出版会.
前田雅英 2000.『少年犯罪―統計からみたその実像』東京大学出版会.
前田雅英 2003.『日本の治安は再生できるか』筑摩書房.
宮澤節生 2013. 先進国における犯罪発生率の状況と日本の状況への国際的関心. 犯罪社会学研究, 38: 7-35.
守山　正 1998. わが国における環境犯罪学の研究状況. 犯罪社会学研究, 23: 189-193.
若林芳樹 2009. 犯罪の地理学―研究の系譜と課題. 金沢大学文学部地理学教室編『自然・

社会・ひと―地理学を学ぶ』281-298. 古今書院.
ロスモ, D. K. 著 渡辺昭一監訳 2002.『地理的プロファイリング―凶悪犯罪者に迫る行動科学』北大路書房.
Pain, R. 1991. Place, social relations and the fear of crime: A review. *Progress in Human Geography*, 24: 365-387.
Valentine, G. 1992. Images of danger: women's sources of information about the spatial distribution of male violence. *Area*, 24: 22-29.

# 第9章

# 都市のガバナンス

## 1 ガバメントからガバナンスへ

　福祉や医療など社会保障の分野，防災や地域社会の治安維持といった分野は，そのサービスを提供する主体として政府や地方自治体の果たす役割が大きい。第7章でみたように，高度経済成長期には社会保障の充実が図られ，医療や高齢者福祉，児童福祉への政府支出が増大していった。高度経済成長期から低成長期に移行し税収が伸び悩むと日本型福祉を主張する声が強くなったが，平均寿命が延び高齢者人口の増大が続いたため，政府によってエンゼルプランが策定され介護保険の導入に至った。

　しかしバブル経済が崩壊して以降，地方自治体の税収は頭打ちとなり，地方行財政改革が進められるようになる。国鉄や電電公社などの民営化，大店法の廃止にみられるような大型店立地の規制緩和が進み，新自由主義的な行政改革が実施された。地方自治体でも，民間委託や指定管理者制度，PFI（Private Finance Initiative）といった手法によって民間活力を活用した運営手法が導入されるようになった。いわゆるNPM（New Public Management：新公共経営）の台頭である。つまり，これまで自治体が独占してきた公共サービスの供給を，民間企業やNPO法人が担うようになってきたのである。1998年に施行されたNPO法はこうした動きを後押しする役割を果たし，2009年に自民党に代わって政権を握った民主党の鳩山首相は，「新しい公共」というスローガンを国家戦略の柱に据えた。

　公共をめぐるこうした動きは，「ガバメント」から「ガバナンス」へと呼ばれる（佐藤・前田 2017）。そこで本章では，ローカル・ガバナンスの台頭と深く関係する要因として，地方自治体にまつわる財政問題や行政システムの問題だけでなく，広く社会全体の変化要因について考察する。本章で着目する要因として，(1) 少子高齢化の進展，(2) 地域経済の疲弊，(3) 公共サービスをめぐるニーズの多様化・公共

的課題の拡大，(4) サードセクターの台頭，を中心に取り上げる。このうち，(1) と (2) は，とくに地方のガバナンスを取り巻く環境変化と呼べるもので，地域社会の統治システムの基底となる人口構造や経済構造が大きく変化しつつあることを明らかにする。(3) と (4) は，地方自治体が主体となった地域運営から多様な主体の参加による統治システムへの移行が，公共サービスに対する市民ニーズの多様化によって促されてきたこと，こうした多様化したニーズに応えるための公共的な事業の担い手としてサードセクターが重要となりつつあることを説明する。それゆえ，(3) と (4) の現象は，ローカル・ガバナンスの台頭をもたらした原因というよりも，ローカル・ガバナンスが台頭してきたことを具体的に裏付ける指標ともいえる。

　もちろんこれら4つの要因は相互に絡み合っており，上に述べた整理は便宜的なものにすぎない。また，日本全国で同じ現象が生じているわけでもない。たとえば，少子高齢化によって労働力人口が減少しており，これからの日本経済を支える労働力として女性と高齢者に期待が高まっている。これまで地方と比べると大都市では女性就業率が低かったため，保育施設の整備は遅れていた。近年，国内の労働力不足が深刻化しているため，大都市に居住する子育て期の女性の就業を促進する動きが強まっている。その結果，2000年から保育所の設立が民間企業に開放され，多様な設置主体による保育サービスの供給が行われるようになりつつある。その一方，少子化が進む地方では子どもの数が減少しているため保育所間での利用者獲得競争が激化しており，公立保育所の統廃合も進められている。以下では，こうした地理的な視点に留意しながら説明していく。

## 2　少子高齢化と失われた20年

### ■ 2-1　少子高齢化の進展

　近年の日本における地域の統治システムの変化の背景となる要因として，少子高齢化がある。そこでまず，少子高齢化の現状をみておこう。図9-1は，2000年から2010年の10年間における人口増減率を市区町村別に示したものである。図から読み取れるように，人口減少が激しいのは国土の縁辺部に位置する中山間地域や離島である。しかしながら，2008年頃を境に人口減少に転じた日本では，人口減少はもはや過疎地域だけの問題ではなく，日本社会全体を覆う構造的な問題となっている。

　日本において高齢化が最も深刻な問題となっているのは，過疎化が進んでいる中山間地域や離島であるが，高齢化の波は地方中小都市や大都市圏郊外にも押し寄せ

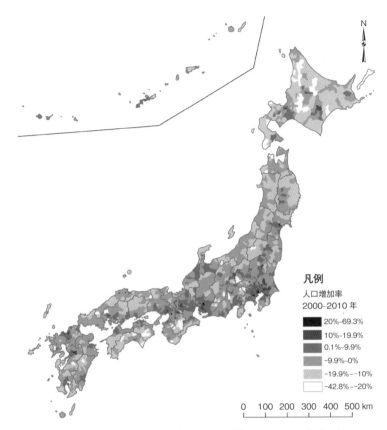

図 9-1　市区町村別の人口増減率（2000-2010 年）（出典：総務省『国勢調査』）

ている。近い将来には，大都市圏全体も深刻な高齢化の問題に直面することは間違いない。たとえば，国立社会保障・人口問題研究所による 2040 年の 65 歳以上人口推計によれば，近い将来には大都市圏で急激に高齢化が進むとされている（図 9-2）。

　少子高齢化の最も直接的な影響は，人口減少による国内市場の縮小である。市場規模が縮小することにより，消費財を生産する製造業の生産規模は縮小し，高付加価値化を進めたり輸出への依存度を高めようとする。さらに中小企業は，後継者がいないために廃業が増大する傾向にある。

　国内市場が縮小しつつある近年の状況を最も典型的に示しているのが，国内新車販売台数の動向である。図 9-3 は，国内の新車販売台数の推移を示したものである。

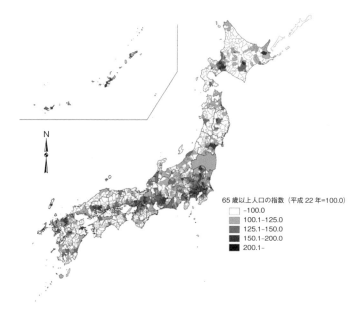

**図9-2　2040年における65歳以上人口の推計**（出典：国立社会保障・人口問題研究所 2013）
注：福島県の自治体は東日本大震災にともなう原発事故の影響が見通せないため人口推計が行われなかった。

　日本国内の新車販売台数は，バブル経済が頂点にあった1991年をピークに減少を続けており，さらに普通車から安価で小型の軽自動車へとシフトする傾向がみられる。しかも軽自動車の販売台数でさえ，1996年以降は減少傾向を示している。こうした国内産業の縮小は，製造業だけでなく農林水産業やサービス業などほぼすべての産業に広がっている。近年の地方都市で深刻な駅前商店街の空洞化は，モータリゼーションの進展に起因しているものの，可処分所得の大きい生産年齢人口の減少も拍車をかけている。人口の減少と国内市場の縮小は，地方自治体にとっては税収の減少につながる。地方税収にとって主要な個人および法人に課税される住民税や地方消費税，固定資産税，自動車税など，ほぼすべての税目が影響を受ける。
　人口減少をもたらすのは少子高齢化である。少子化によって子どもの数が減り，長期的には労働力人口も減少する。政府は少子化を食い止めるためにさまざまな対策を講じているが，その効果は限定的である。少子高齢化による人口減少は，地方自治体の施策にさまざまな影響を及ぼす。多くの自治体では，児童・生徒数の減少によって保育所や小中学校，高校の統廃合が進められているし，文化ホールなどの

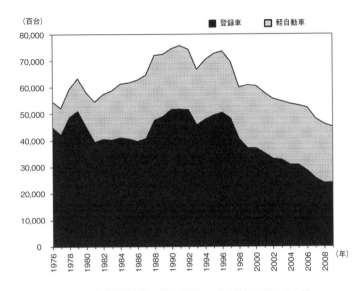

**図 9-3　新車登録台数の推移**（出典：日本自動車販売協会連合会）
注：登録車は乗用車・貨物車・バスの合計で，軽自動車は届出制で扱いが異なる。

ハコモノの利用者減少に対処するために，施設の統廃合が行われている。上下水道や道路などの社会的インフラも，利用者の減少によって維持管理のコストが上昇している。

　その一方，高齢化が進むことによって介護や医療への財政支出が増大し，それは自治体にとって高齢者福祉に関連した支出の増大につながる。もちろん，高齢者人口の増大はシルバービジネスの台頭を促すことになり，新たな雇用機会が生まれることになる。しかし経済全体でみた場合，生産年齢人口にある人が高齢者となれば家計所得は減少する。その結果，以前に比べると経済活動は低下し，それは地域全体の経済活力の低下につながる。

　少子高齢化による人口減少が将来的に自治体の消滅を招く可能性があると指摘した増田（2014）の『地方消滅』は大きな社会的反響を呼び，総務省は自治体に地方創生総合戦略の策定を促した。同時に人口ビジョンの策定を義務づけ，人口ビジョンを達成するために出生率を上昇させる工夫や転入者を増大させるための努力，就業の場を生み出すことで人口流出を食い止める方策などからなる総合戦略の策定を

求めた。

　増田（2015）は続編の『東京消滅』で東京の高齢化が深刻な問題を引き起こすことに警鐘を鳴らしたが，将来の日本社会にとって少子高齢化の進展による人口減少が大問題となることを正面から訴えたことに意義がある。つまり，人口減少は過疎地域など限られた地域が直面している問題なのではなく，日本のすべての地域を覆っている困難な問題であることを国民に認識させた点が重要である。もちろん，増田が提言している対応策にはさまざまな批判が浴びせられているものの，自治体に対して人口政策に正面から取り組むことを求めたという点では意義深い。

　地方消滅と東京消滅という2つのキャッチフレーズが増田によって提示されたのは，地方と大都市では高齢化の状況がかなり異なるからである。地方，特に過疎地域では，かなり以前から過疎化が進んでいるため特別養護老人ホームなどの入所施設もいち早く整備された。ところが，介護の担い手となる30代から50代の人口は，大都市に流出してしまったためにかなり少ない。大都市では，これまで過疎地域に比べて高齢化の進展が遅かったために高齢者の入所施設の整備が遅れている一方，団塊の世代が後期高齢者の年齢に達する2025年には介護を要する高齢者が急増することは避けられない（図9-2 ☞ p.120）。しかも団塊の世代の人口は，前後の年代に比べてボリュームが非常に大きい。これに対処するためには，大量の入所施設を大都市圏に整備する必要があり，巨額の財政支出が必要になると予想されている。

　以上のような人口学的変化によって，地域の(1) 人口減少や高齢化に対応した福祉サービスやまちづくり，地域振興が求められるようになっており，(2) 人口減少や高齢化は地域によって状況が異なり，地域の実情に即した対応策が求められるようになっている。

### ■ 2-2　地域経済の疲弊

　近年における地方のガバナンスのあり方に影響を及ぼしている要因として重要なのは，上述した少子高齢化に代表される人口学的要因と並んで，バブル経済崩壊後の日本全体を覆った経済不況である。図9-4に示すように，1人当たり名目GDPは1993年頃から急激に上昇率が低下し，1997年以降はしばしば前年比マイナスを記録するようになった。GDP指標だけでなく，貿易収支でも赤字が慢性化している。

　この時期には物価上昇率は鈍化し，しばしば物価の下落も生じた。消費の減退によって企業業績は悪化し，コスト削減のために賃金の引き下げに向かうようになる。賃金水準が低下し失業者が増大すると，消費はさらに低迷することとなり，これが

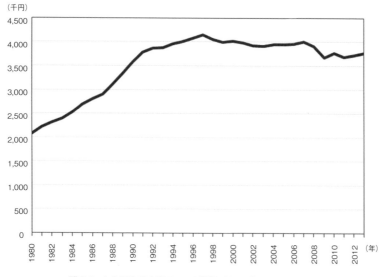

図9-4 1人当たり名目GDPの推移（出典：『国民経済計算』）

デフレのスパイラルを引き起こし，「失われた20年」といわれる景気低迷が続いた。

業績の悪化によって企業は新規採用を絞り込むようになり，若年失業が大きな社会問題となった。バブルが崩壊して以降，新規学卒者の就職内定率が次第に低下し，「就職氷河期」という言葉が巷間を賑わすようになった。政府は若年失業者の増大に対処するために，各都道府県にジョブカフェを設置し，若年者に重点を置いた就職支援を展開した。企業は新規採用者を絞り込むだけでなく，従来正社員が担ってきた業務を非正規労働によって代替することでコスト削減を図るようになった。その結果，労働力全体に占める非正規職の割合が次第に高まり，正規職と非正規職の格差が大きな社会問題となっていった。バブル崩壊後の時期にやむなく非正規職に就いた若者はその後も正規職に就くことが難しく，現在でも日本社会に大きな影を落としている。

企業の人件費削減は，新規学卒者の採用絞り込みだけにとどまらず，中高年の賃金コスト削減にも向かうこととなった。そのために打ち出された人事戦略は，成果主義の導入である。これまでの日本的経営の柱であった年功序列を排し，成果主義による業績評価を取り入れようとする動きは大企業を中心に1990年代に広がった。しかし，職務分担が欧米企業ほど明確ではなくチームで仕事を担当する日本企業で

は厳密な業績評価は難しく，1990年代末には成果主義は放棄されることとなった。それでも，バブル期に膨らんだ組織をスリム化して，少数精鋭の正社員で基幹業務を遂行しようとする動きは，現在にも引き継がれている。

バブル崩壊後の長期にわたる日本経済の低迷は自治体の税収の低下を引き起こしたが，不況克服のために政府は積極的な公共投資の拡大を打ち出し，1995年頃までは拡大基調で推移した。その後自治体の財政状況が悪化するにつれて公共事業の削減が行われるようになり，公共事業への依存度が高い地方の経済は特に大きな打撃を被った。膨大な財政赤字を抱えた中央政府は，財政健全化のために地方交付税の削減を推進し，それは小泉政権による三位一体改革や平成の大合併につながっていった。地方財政が逼迫することによって行政のスリム化が推進されるようになり，それは「官から民」へという大きなうねりとなっていった。

## 3 新しいガバナンスを求める動き

前節では，ローカル・ガバナンスが台頭してきた背景として人口学的要因と経済的要因について検討を加えたが，これら2つの要因以外にもローカル・ガバナンスの台頭を促してきたさまざまな要因がある。1つは，公共サービスに対する住民のニーズが多様化していることにある。2つ目は，ニーズの多様化に対応して公共サービスを供給する主体も，これまでの自治体による独占的な供給から，民間企業や非営利組織，ボランティア団体などさまざまな主体が自治体と協働しながら供給する形態へと変化しつつある点にある。そこで本節では，この2つの側面から新しいガバナンスを求める動きを検討する。

### ■ 3-1 公共サービスのニーズの多様化

高度経済成長を経て日本社会が豊かになるにつれて，自治体が住民に提供するサービスは次第に拡大してきた。経済の成長期には，公共サービスの供給を担ってきた自治体がこうした住民ニーズの拡大に対応するために財政支出を拡大することで対処してきた。上下水道や道路といったインフラの整備，文化ホール，スポーツ施設，図書館などの教育・文化的サービス，乳幼児向けの保健サービス，高齢者向けの福祉サービスなど，自治体が提供するサービスは，年を追うごとに拡大してきた。

しかし，低成長時代に入るとこうした多様化するニーズに対して，すべてを自治体が対応するのが困難になる。その一方，住民のニーズは以前と比べるとより高度

に，より細分化されるようになってきた。この点を，保育サービスへのニーズを事例にして具体的に検討してみよう。

久木元（2010）は，温泉旅館で働く女性のために時間外保育・長時間保育が民間の保育所の主導で整備され，行政がこれを後追いして制度化していくプロセスを報告している。若林ほか（2012）では，沖縄県は米軍統治下に置かれていたという歴史をもつため，小学校就学前には幼稚園に子どもを通わせることが一般的となっていることから，認可保育所の整備が遅れており，働く母親が認可外保育所を利用せざるを得ない状況を明らかにしている。久木元・小泉（2013）は，人口の都心回帰にともない東京都江東区のマンションに入居した共働き世帯が，職場への近接性を求めて居住地選択をしている一方，認可保育所が不足していることから，認可外保育所を利用したり早期復職して認可保育所に入所できる可能性を高める戦略を用いていることを明らかにした。これらの事例にみられるように，保育サービスに対するニーズは多様化しており，こうした多様なニーズに対応するため，保育サービスの供給形態も多様化が求められるようになってきている。

本書の第5章で指摘したように，地方都市のまちづくりでも保育サービスと同様にさまざまな主体の関与が求められるようになってきている。多くの地方都市の駅前商店街は，人口の空洞化や郊外型大型店の進出によってシャッター街と化している。一方，中心市街地に取り残された高齢者は，スーパーの撤退によって食料品の買物に困難をきたすようになり，買物難民となっている。近年におけるまちづくりには，商業関係者と行政によるハコモノ整備ではなく，都市全体の中で郊外とまちなかとの関係を再構築し，商店主と住民とが目に見える関係を築くことができるような組織が求められているのである。

公共サービスの提供を，さまざまな主体が連携しながら進めるようになった要因の一つとして，行政による公共サービスの提供が変化してきたことが挙げられる。バブル崩壊後の日本経済の停滞により，1990年代後半から地方行財政のスリム化が図られるようになった。こうした行政改革は，1995年の三重県庁によるものが先駆けとなり，1980年代後半にイギリスで活発化した新公共経営（NPM）の手法（PFIや独立行政法人など）が盛んに導入された。その結果，図書館やグランド，公園，病院，スポーツ施設などさまざまな市民サービスの窓口業務が民間に委託されるようになった。これらの改革によって自治体は経費の削減を図り，歳出の削減が進んだ。

図9-5は，自治体職員数の推移を都道府県と市町村別にみたものである。全体としてみれば，職員数は20年前の80％となり，とりわけ市町村職員数の減少が著し

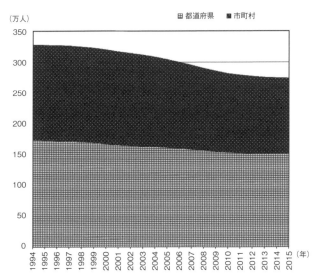

図9-5 自治体職員数の推移 (出典：『地方公共団体定員管理調査結果』)

い。自治体職員が削減されたため，これまで公共サービスの供給に果してきたパブリックセクターの役割は，その一部が民間セクターや非営利セクターによって担われるようになった。

### ■3-2 サードセクターの台頭

新しい公共の担い手として脚光を浴びているのは，サードセクターと総称されるNPO・市民団体などの非営利団体である。サードセクターの存在や意義を日本社会に知らしめることになったのは，1995年に発生した阪神淡路大震災に際して救援や復興に活躍したボランティアである。その後のナホトカ号原油流出事故の際にもボランティアによる活動が大きく貢献し，これを受けてボランティア団体の立場を強化しその活動をバックアップするために，1999年に「特定非営利活動促進法（NPO法）」が施行された。NPO法が制定されて以降，NPOの認証を受けた法人は急激に増えており，2015年現在，5万件を超えている（図9-6）。

NPO (Non-Profit Organization) は，その名称が示すように，社会共通の目標を達成するために非営利で自発的に活動する組織である。法人格の認証に際しては，活動分野を特定することになっており，活動分野は，保健・医療・福祉，社会教育，ま

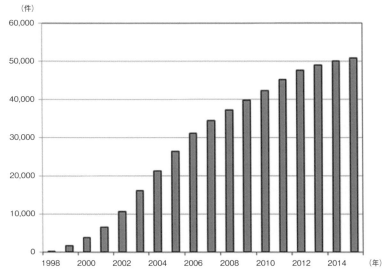

図9-6　NPO法人認証数の推移（出典：内閣府ホームページより作成）

ちづくり，観光，地域振興，学術・文化・芸術，環境保全，災害救援，地域安全，人権擁護・平和活動，国際協力，男女共同参画，子どもの健全育成，などに区分されている。これらの活動は，これまで自治会・町内会が担ってきた活動と重複することも多い。自治会・町内会との関係については，のちほど詳しく検討する。NPO法人数の急速な増大は，市民による自発的な活動が活発化しつつあることを意味しているが，その一方，さまざまな問題を抱えている。まず，財政基盤が弱いため専従職員を雇用している法人は少なく，活動資金を行政からの委託事業に依存する団体も少なからずある。活動資金を行政に依存することによって，その活動が行政の下請けとなる危険性を孕んでいる。これまで，自治会・町内会は行政の末端執行機関とみられることもあっただけに，活動の自立性を担保するためにも財政基盤を固めることが重要である。さらに，NPOの分布には地域差が大きく，大都市ほどNPOの数が多く，資金的にも恵まれている（埴淵2007）。反対に地方に拠点を置くNPO法人は数が少ないだけでなく，規模が小さく資金も乏しい。こうした地理的不均等は，それぞれの地域におけるローカル・ガバナンスのあり方に影響を及ぼしているものと思われる。

　自治会・町内会は全国のどこにもある従来型の地縁的組織であり，人々にとって

身近な存在である。その活動は地域によってさまざまであり，運動会やお祭り，道路や公園の清掃などを行っているところが多い。NPOと同様に自治会・町内会も任意加盟であるが，かつてはほとんどの世帯が加入していた。

東日本大震災の年に，日本では「絆」という言葉が流行語となり，コミュニティのもつ重要性に注目が集まった。けれども，若い世代を中心に近所づきあいを面倒だと感じる人が増えているため，団地や単身者の多い都市部では自治会・町内会への加入率は低下傾向にあり，農村部においても高齢化の進展により担い手不足の問題が表面化している（辻中ほか 2009）。自治会・町内会は小学校区単位で連合町内会を組織し，自治体と密接な関係にあるため，自治体の下部組織とみなされがちである。自治会・町内会の活動は，前年度から踏襲されたものが多いため，個人の自発性に基づいてメンバーが集まっているNPOやボランティア団体に比べると参加の動機づけが弱いといえる。

## 4 ローカル・ガバナンスの台頭

本章では，ローカル・ガバナンスが台頭してきた背景について考察を行ってきた。最初に，少子高齢化の進展とバブル経済崩壊後の長引く経済不況によって国内市場が縮小し，とりわけ地方の経済が停滞に陥ったことによって，これまで自治体が独占的に担ってきた地域運営が困難となってきたことを指摘した。その結果，新しい統治形態として台頭しつつあるのが，NPOやボランティア団体などの非営利団体，自治会・町内会など地縁団体，各種協同組合など多様な組織と協働しながら，地方自治体が地域を管理・運営していこうとする動きである。そしてローカル・ガバナンスの台頭は，日本社会が成熟して公共サービスへのニーズが多様化したことや，公共サービスの供給主体としてサードセクターが台頭しつつあることと深い関連があることを示した。

ローカル・ガバナンスという新しい統治形態がその実効性を発揮するための仕組みとして重要なのが，自治体経営の基本原則を条例化した「自治基本条例」あるいは「まちづくり基本条例」であり，2001年に施行されたニセコ町の「まちづくり基本条例」がその最初といわれている。

「自治基本条例」あるいは「まちづくり基本条例」とは，各自治体で取り組まれる住民自治や団体自治の基本理念や基本原則，なかでも行政と市民や町内会，NPOなどとの協働によるまちづくりを推進するための規定を定めたものである。なお条

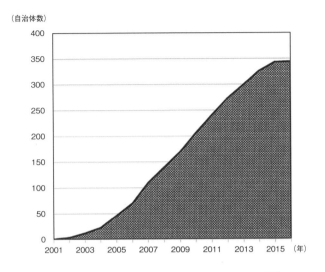

**図 9-7　自治基本条例を制定した地方自治体数の推移**
(出典：NPO 法人公共政策研究所「全国の自治基本条例一覧（更新日：平成 27 年 12 月 16 日）」(http://koukyou-seisaku.com/policy3.html (2016 年 4 月 10 日閲覧)))

例の名称は，「自治基本条例」と「まちづくり基本条例」というように異なるが，各自治体の条文を読むと実質的な違いはほとんどないため，ここでは同一のものとして扱う．図9-7 は，自治基本条例・まちづくり基本条例を制定している自治体数の推移を示している．2016 年 3 月現在の自治体（市町村と特別区，都道府県）の数は約 1,800 なので，2 割近くの自治体が自治基本条例・まちづくり基本条例を制定していることになる．しかも，条例を制定する自治体は毎年着実に増加している点も注目すべき点である．自治基本条例・まちづくり基本条例を制定した自治体の分布を調べてみると，全国の市町村で広く制定されていることが明らかとなった（図は略）．

最後に，本章で述べてきたことを具体的に示す例として，高齢者の介護サービスの問題を取り上げてみる．第 7 章でも述べたように，日本社会は急速に高齢化が進展しており，高齢者のケアが大きな社会問題となっている．制度上では 2000 年に介護保険が施行されたものの，日本の高齢化は急速なスピードで進行しているため，介護保険の給付額が急激に増大している．2025 年問題と呼ばれるように，団塊の世代が後期高齢者に突入する 2025 年には特別養護老人ホームなどの施設介護によるケアでは財政負担に耐えられなくなると予想されている．そこで厚生労働省は，

2007年に介護保険の給付の伸びを抑えるために「地域包括ケアシステム」の構築を打ち出した。これは，イギリスの「コミュニティ・ケア」と類似した概念である。

　地域包括ケアシステムとは，重度な要介護状態になっても自宅で住み続けることができるよう医療・介護・予防・住まい・生活支援を包括的に提供できる体制（地域包括ケアシステム）を指している。そこでは，高齢者の暮らす地域コミュニティによる高齢者の見守りが重要な役割を果たすべきであると位置づけられている。

　現時点では高齢化は大都市圏よりも地方圏で進んでいるものの，団塊の世代が後期高齢者となる 2025 年頃には大都市圏において後期高齢者が急激に増大すると予想されている。それゆえ，町内会活動など地域のつながりが弱体化している大都市や周辺郊外で住民間の相互扶助を強化しようとする動きが強まっている。しかし，地域包括ケアシステムを構築することだけで，大都市で急増すると予想される要介護高齢者に十分に対応することは困難とみられることから，総務省は，地方創生総合戦略の中に大都市高齢者の地方移住を政策的に後押しする方向性を打ち出している。いわゆる日本版 CCRC である（増田 2014）。

　以上の議論を整理してみよう。欧米諸国と同様に日本においても，バブル崩壊後の長引く不況と急速に進む高齢化によって，地方自治体による統治システムは機能不全に陥り，地方自治体だけでなく NPO や自治会・町内会など多様なアクターとの協働による地域運営が求められるようになってきた。そのため，従来から存在する町内会・自治会（農村では集落）の機能を再構築しようとする動きが生じている。けれども，人口減少によって過疎化が進む農村地域において，「守り」の機能をはたしてきた集落に「攻め」の機能をもたせることは難しいため，都市などから外部人材を導入することで広域コミュニティを機能強化する方法が試みられている。一方高齢者ケアの領域では，住み慣れた地域で暮らし続けることを可能にする「地域包括ケアシステム」の構築が必要とされるようになっており，地域包括ケアシステムの重要なアクターとして，「守り」の機能が強みである自治会・町内会に期待が集まっている。農村部では，既存の集落が依然として「守り」の機能を維持しているものの，都市部においては弱体化した自治会・町内会だけでこれを担うことが難しく，その対応策が求められているといえよう。

◆調べてみよう
あなたの近くにある自治体の自治基本条例・まちづくり基本条例はどんな条文から構成されているか調べてみよう。

◆考えてみよう
地域に対して大学が果たすべき役割について,「攻め」と「守り」に分けて考えてみよう。

●第9章 参考文献

久木元美琴 2010. 地方温泉観光地における長時間保育ニーズへの対応—石川県七尾市の事例から. 地理学評論, 83: 176-191.
久木元美琴・小泉 諒 2013. 東京都心湾岸再開発地におけるホワイトカラー共働き世帯の保育サービス選択—江東区豊洲地区を事例として. 経済地理学年報, 59: 328-343.
国立社会保障・人口問題研究所 2013.『日本の地域別将来推計人口(平成25年3月推計)』国立社会保障・人口問題研究所.
佐藤正志・前田洋介 2017. ローカル・ガバナンスとは何か. 佐藤正志・前田洋介編『ローカル・ガバナンスと地域』1-17. ナカニシヤ出版.
辻中 豊・ペッカネン, R.・山本英弘 2009.『現代日本の自治会・町内会—第1回全国調査にみる自治力・ネットワーク・ガバナンス』木鐸社.
埴淵知哉 2007. NGOと「地域」との関わり—日本の地方圏に所在するNGOによる「地域からの国際協力」. 地理学評論, 80: 49-69.
増田寛也編著 2014.『地方消滅—東京一極集中が招く人口急減』中央公論新社.
増田寛也編著 2015.『東京消滅—介護破綻と地方移住』中央公論新社.
若林芳樹・久木元美琴・由井義通 2012. 沖縄県那覇市の保育サービス供給体制における認可外保育所の役割. 経済地理学年報, 58: 79-99.

# 第10章

# 都市の文化

## 1 都市の文化とは

　日本の地理学における文化に関する研究は，特定の共同体によって保持されてきた伝統的な生活様式を対象としてきた。これに対して成瀬（1994）は，「生業活動としての文化」地理学のみならず，「資本主義下での文化」地理学の活性化の必要性を主張している。これまでの章でみてきたように，戦後に日本社会が変貌する過程で農村人口が減少し都市人口の比重が増大し，大量生産大量消費の経済循環システムが日本全土を覆い尽くした。高度経済成長によって中流階級が社会の主流を占めるようになると，大量生産された文化的商品の生産と販売が拡大して大衆文化が庶民の間に広がっていった。

　大衆文化は，都市化・工業化によって誕生した中流階級によって支えられており，「生業活動としての文化」の担い手とは大きく異なる。大衆文化（mass culture, popular culture）と対比される概念はハイカルチャー（high culture）であり，ハイカルチャーは貴族やブルジョワ階級といった豊かな知識や教養をもつ社会的エリートによって担われる文化を指す。クラシック音楽やクラシック・バレエ，乗馬，能楽などがハイカルチャーの例である。工業化の過程で中流階級が拡大し，大学進学率が上昇すると，中流階級はテレビやラジオなどのメディアを通じて文化を享受することが可能となった。また，レコードやCDなど複製技術による大量生産技術によって，コンサート会場に出かけなくとも音楽を楽しめるようになった。

　カルチュラル・スタディーズは，都市化した社会における大衆文化の研究に大きな影響を及ぼしてきた。カルチュラル・スタディーズは1970年代にイギリスで発展し（上野・毛利2002），近年では都市社会地理学の研究にも大きな影響を及ぼしている。マルクス主義から強い影響を受けながら発展したカルチュラル・スタディーズは，その後，経済の基底構造が文化を含むあらゆる上部構造を規定すると考える

経済決定論の見方に異議を唱え，支配と従属の関係は複雑で流動的であり，この移ろいゆく関係は文化によって作り変えることが可能であると考えるようになっていった。それゆえカルチュラル・スタディーズでは，社会を階層化する主要なカテゴリーとして階級・ジェンダー・エスニシティに注目した研究が進められている。中でも，社会において従属的な位置に置かれた集団がもつ文化としてサブカルチャー（下位文化）に注目が集まった。ラップやヒップホップ，レゲエなど黒人や移民による音楽は，支配階層（多くの場合白人や移民先のホスト社会）に対する抵抗や運動と理解されているのである。

シカゴ学派都市社会学による人間集団のせめぎあいとしてのセグリゲーションに関する研究や逸脱行動に関する研究は，カルチュラル・スタディーズによるサブカルチャー研究とかなり類似した視点をもっている。両者の大きな違いは，シカゴ学派都市社会学はマルクス主義とは無縁なため，支配と従属という対立関係が想定されていない点にある。カルチュラル・スタディーズにおける都市社会の理解方法も，階級を重視した当初の見方から，近年ではエスニシティやジェンダーなどさまざまな対立軸からなる見方へと変化している。

第4章で述べたように，日本の都市に関する因子生態研究では外国生まれの人口割合が低くエスニシティによるセグリゲーションは乏しい。そのため，サブカルチャーの面でもエスニシティを反映した文化は不明瞭である。日本で代表的なサブカルチャーとみなされている漫画やアニメなどの「おたく」文化には，社会階層の要素はさほど強く感じられない。

カルチュラル・スタディーズは，メディア研究とも密接な関係をもっている。現代の大衆文化あるいはサブカルチャーは，テレビや新聞，雑誌，インターネットなどを通じて人々の手元に届けられる。新聞やテレビ局やレコード会社は営利企業であり，より多くの読者・視聴者を獲得するために，消費者が求めていると思われるメッセージを生産し，流通させ，消費させる。その場合，生産されるメッセージは資本主義体制とは矛盾しない内容だったり，メッセージの生産に携わる人々（テレビ局やレコード会社のプロデューサー，新聞記者など）が所属する人口集団の利害にかなう内容であることが多い。

都市社会地理学の観点からいえば，都市社会で暮らす人々が自分たちのアイデンティティを他者と異なる独自のものであると認識していれば，サブカルチャーとして同定しやすい。日本の都市に関する因子生態研究では，居住地構造にエスニシティの次元が認められない結果となっている（第4章参照）。日本の都市は，欧米の都

市と比べると家族的地位の重要性が大きく,社会経済的地位の重要性は小さい。それゆえ,日本の都市のサブカルチャーを考える場合,年齢による差異化の比重が他の国に比べて大きいと思われる。

　杉山 (2003) は,欧米の地理学において近年活発化している若者の文化研究が家族や学校,地域社会の中での若者の位置,消費社会における若者のアイデンティティ,若者による公共空間と私的空間の境界に着目して研究を進めてきた状況を整理しており,地域社会の中での若者の位置を考える上で興味深い。ひるがえって,日本社会の中で若者がどのように位置づけられ,都市空間をどのように利用してきたのかについては不明確な点が多い。第3章で述べたように,日本的雇用慣行の下では,高卒就職者については学校を通じた職業斡旋システムが近年まで根強かったため,生徒にとって学校による進路指導が大きな壁として立ちはだかっていた。学卒者の労働市場では新卒一括採用が一般的であるため,大学生や専門学校生は在学中に就職の内定を得て就職する。それゆえ,欧米の若者に比べてモラトリアムの時期が短縮される傾向にあり,社会人への階段を上り始める年齢が明確に意識されているといえる。

　地理学において若者に特徴的な音楽や演劇に焦点を当てた研究は,着実に増えている。成瀬 (1993) ではおしゃれな街として若者の間で人気の代官山が,成瀬 (2000) では20代から30代の女性をターゲットとした雑誌『Hanako』に紹介された住宅情報からみた場所イメージが分析され,商業雑誌によって場所イメージがどのように構築され,販売され,消費されているのかを論じている。山田 (1990) と成瀬 (1996) は,それぞれBOØWYと甲斐バンドという若者の人気グループを取り上げ,曲の中で描かれる都市を歌詞から読み解いている。山田 (1994) は,都市と農村という対立軸でテレビドラマの中で描かれる若者の世界観を解剖している。

　新谷 (2002) は,大都市郊外の駅前でストリートダンスを踊る若者が,ダンスを通じて地元志向の金銭感覚や場所感覚,時間感覚を共有する友人と連帯し,フリーターへと移行していくプロセスを描き出している。そして新谷は,こうした友人との連帯を「地元つながり文化」と名づけ,連帯の醸成には親の社会階層や経済力よりも,地元で生活していくという将来展望をもっていることが重要なことを明らかにした。さらに,こうした「地元つながり文化」を担う子どもの親は,「会社員」ではなく不安定雇用者や自営業者,専門的職業者が多いという,親の職業による子どもの影響の指摘も新鮮である。

　山口 (2002) は,ストリート・パフォーマンスを行う若者が都市において社会空

図 10-1　大阪難波駅前のストリートパフォーマンス（2016 年，小田敦史撮影）

間をどのように構築し解体しているのかを明らかにしている（図10-1）。一方山口（2015）は，現代社会におけるサブカルチャーが抵抗から消費主義スタイルへと変化を遂げているため，労働者階級のサブカルチャーから権力への反抗を読み解くことは困難となりつつあると指摘している。それゆえ，ミクロな空間における微細な権力関係を経験的に探求するエスノグラフィックな研究が求められる。

　サブカルチャーと抵抗や運動との関連の稀薄性は，内田（2013）によっても指摘されている。内田（2013）は長年にわたる参与観察に基づいて，YOSAKOI ソーランが流行した背景を次のように述べている（図10-2）。

　　希薄な人間関係に悩む現代人に新しい人的ネットワークを提供した。都市化する現代社会にマッチした流行現象となった。各チームとも，拠点とする地域だけでなく，各地のよさこい YOSAKOI 系イベントに遠征する。地域間の，いや人的交流が盛んとなった。
　　道路や公園を有効活用した祭りは，バブル崩壊後の地域社会が利用しやすい。しかも，地元の民謡を生かした音楽，地域の特色を盛り込んだ振り付けや衣装は，地方への帰属意識や自負を涵養する。商工会や自治体がよさこいYOSAKOI 系イベントを活用するのも当然の成り行きである。よそ者や変化を拒む従来の祭りの多くが，若者を取り込めないのと対照的な増殖ぶりである。

第10章　都市の文化　　137

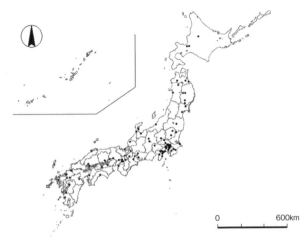

**図10-2　よさこい祭りが開催されている都市**（出典：「全国祭り情報　動画で楽しむ全国各地のお祭り（http://nihonguide.net/maturi/）」より作成）

　よさこいYOSAKOI系イベントが伝播した地域を概観すると，すでに伝統的な地域コミュニティは弱くなり，新しい人的ネットワークが求められていた。つまり，社会の変化が求める新しいコミュニティ，人的ネットワークに，よさこいYOSAKOI系イベントは対応していたことになる。現在，高知，札幌に限らず，よさこいYOSAKOI系のチームやイベントは，インターネットを通じた情報交換，交流が盛んである。各自がインターネット上の動画で練習をして，各地の大会の際，メンバーが全国から集まるチームもある。（内田 2013: 23-24）

　図10-3は，名古屋市で開催されるYOSAKOI系イベントである「日本ど真ん中祭り」を示している。参加チームは中京圏だけでなく，関東・関西などかなり広い範囲に及んでいる。
　では，日本の都市において地域コミュニティが弱体化した時期はいつなのか，そのメカニズムは何なのだろうか。この点を考える上で，山口（1998; 2004）の同郷組織すなわち県人会に関する分析はかなり役立つ。高度経済成長の時代に地方から大都市へ移住した人々が，移り住んだ大都市で同じ故郷をもつ人々との関係を維持するための組織である県人会が，どのように組織され，どんな活動を行ってきたのかを明らかにしている。同郷組織は，人口移動を引き起こす都市と農村という対立軸の中で生じる人口移動にともなう現象であるが，農村部の中でも都市からの隔絶度

図 10-3　名古屋の YOSAKOI 系イベント「日本ど真ん中祭り」で踊る若者のチーム
(2016 年，神谷万里子撮影)

が大きい地域からの移住者にしばしばみられる。それゆえ，沖縄県出身者や鹿児島県出身者の同郷組織が取り上げられることが多い。そこで次に，東京や大阪との文化的な違いの大きい沖縄の音楽を取り上げ，現代の都市社会におけるローカルな文化を考えてみる。

## 2　沖縄の音楽

　日本において，沖縄の音楽は伝統的な意味でのサブカルチャーと明確に識別できる地域色の強い文化である。大衆文化の面でもハイカルチャーの面でも，本土の文化とはかなり異質である。これは，沖縄が日本の本土とは異なる独自の歴史をもち，近代日本に編入されたのは明治になってからであることに由来する。
　明治以前の沖縄は，尚氏が実権を握る独立した琉球王朝の下にあった。尚氏琉球王朝は中国の明と朝貢貿易を活発に行い，海上貿易から得られる収益は国家の重要な収入源となっていた。江戸時代の初期に島津藩から侵攻を受けた琉球は，それ以後幕府に対しても朝貢関係をもつようになった。1871 年に廃藩置県を実施した明治政府は，翌 1872 年に琉球王国を廃止して琉球藩を設置した。1879 年，明治政府は琉球藩を廃止して鹿児島県に編入したが，同年に再び沖縄県を設置した。琉球処分と呼ばれるこれら一連の事件によって沖縄は日本に組み入れられ，琉球王国は名

実ともに滅亡した。

　第二次世界大戦で沖縄では日本で唯一の地上戦が行われ，多くの犠牲者を出した。日本の敗戦後には米軍の統治下に置かれた。朝鮮戦争の勃発によって沖縄がアメリカ軍の対アジア戦略の要として位置づけられることにより，米軍基地の建設が島内の各地で進められた。1972年に沖縄は日本に返還され，その後は日本政府による沖縄開発庁を通じた公共投資（沖縄国際海洋博覧会，首里城の復元がその代表例）によって本土へのキャッチアップが図られるようになった。

　こうした歴史的背景を有するため，沖縄は公共投資，観光，基地という3K産業に依存した歪んだ経済構造を有している（内田2002）。一方移出割合は低く，これは製造業が弱体であることの反映でもある。そのため失業率は，全国の都道府県の中で最も高い状態が慢性的に続いている。特に若年失業率が高いため，その打開策としてIT化の推進や自由貿易特区の設置などが打ち出されてきた（内田2002）。

　一方，1990年代から沖縄を取り上げたテレビ番組や映画，雑誌が日本のメディアに登場するようになり，沖縄出身のミュージシャンや島唄が人気を博するようになった。映画では『ナビィの恋』，テレビ番組では『ちゅらさん』，ミュージシャンでは「りんけんバンド」「DA PUMP」「安室奈美恵」「kiroro」「ディアマンテス」がその代表例である。岩渕（2004）はこうした状況を説明するために，バブル崩壊後の1990年代における経済衰退と日本社会を覆う閉塞感との関連性を指摘している。つまり，失われた10年という経済停滞の中で日本の現状と将来に対して悲観的な感傷を抱いた多くの人々は，沖縄に対して日本の失われた「原郷」としての肯定的なイメージを付与し，沖縄の風景や素朴な人々の暮らしを憧憬の眼差しで消費するようになったというカルチュラル・スタディーズによる見解を提示している。

　たとえば，映画『ナビィの恋』をカルチュラル・スタディーズの観点から分析した増渕（2004）は，文化の生産，表象，受容という3つのプロセスを考察している。そして，映画を生産する側として監督の製作意図を分析した結果，映画監督は内部者の視点から沖縄の人間関係を描くことを意図しており，本土出身の沖縄在住者としてのスタンスに立っていることを明らかにした。けれども，映画配給会社の宣伝用チラシでは既存の沖縄イメージに訴えた宣伝戦略が用いられ，「南国」「後進」「癒し」といった既存の「沖縄イメージ」が戦略的に用いられている。

　表象の分析では，この映画が沖縄の日常を描いている点が着目されている。そして，基地問題や戦争を正面から取り上げるのではなく，会話の中に紛れ込む英語表

現や三線で奏でられるアメリカ国歌を通じて，戦争の傷跡が描き出されているという。それと同時に，「帰る場所」「前近代性が残る場所」「癒す場所」として沖縄が表象されていることは，沖縄を後進的他者として位置づけるオリエンタリズム的なまなざしを意味し，歴史的に構築された不均衡な権力関係を正当化し，それを人々の意識の中に内在化させる危険性をはらんでいるとも指摘される。

受容分析では，映画を視聴した大学生にインタビューした結果が考察される。その結果，『ナビィの恋』では沖縄が後景化しているために，この映画が沖縄映画ではなく恋愛映画として消費された可能性があることを指摘している。その一方で，海や赤い花が映画に登場することで，メディアによって従来から作り上げられてきた沖縄のイメージが強化されている面も指摘されている。

こうして現代の資本主義社会において生産され，表象され，消費される沖縄の映画や音楽は，サブカルチャーと位置づけることが可能であるが，それは同時に沖縄のサブカルチャーがマジョリティとマイノリティという非対称な力関係の中から生まれてきたことを意味している。では，沖縄にみられるような地方独自の文化が，日本の他の地域ではみられないのだろうか。

前節でも述べたように，高度経済成長の時代には地方から大都市圏へと大量の人口が流入し，同郷組織を通じて同じ地方の出身者は紐帯を維持する動きがみられた。その一方，産業構造の変化と全総，新全総など一連の国土計画があいまって大都市に立地する工業の地方分散が進んだ。その結果，これまで農村地域であった縁辺部においても第一次産業就業者は減少し，日本全体が大量生産大量消費の社会に組み込まれることとなった。二度の流通革命を経て，日本の消費者は全国にチェーン展開する小売店や飲食店で買物したり飲食するようになり，日常生活において生産の側面だけでなく消費の側面でも日本全体のシステムに組み込まれるようになった。これによって，日本の各地域に根差した文化の弱体化が進んだと考えられる。

## 3 和太鼓ブームと地域おこし

そこで再び，現代社会の特色について考えてみる。都市化が進んだ現代社会の特色は，コミュニティの消失といわれている。地縁的コミュニティ（ゲマインシャフト）の喪失である。地縁的コミュニティの消失は，いわゆる「ムラの伝統」が消失したことを意味している。戦後において，農村から都市へと流入した人口によって成立した都市社会は，たんなる個人の集まりでしかなくなり，「伝統行事」を支える

共同体的基盤ではなくなった。また，都市において共同体的な住民の連帯が失われるのと並行して，過疎地域でも同様に伝統的行事が失われていった。

　高度経済成長は，「生業活動としての文化」(成瀬 1994) を衰退させる原動力であったが，こうした流れの中で，日本の伝統的な文化を維持・再生させようとする動きも生じてきた。旧国鉄によって 1970 年に開始されたディスカバー・ジャパンのキャンペーン，合掌造りの白川郷や中山道の妻籠宿などの街並みを保全するために 1975 年に文化庁が制定した「重要伝統的建造物群保存（重伝建）地区制度」は，その典型といえる。本節では，現代の日本において，伝統芸能の香りを漂わせている文化イベントである和太鼓を取り上げて，こうした動きを考察してみる。もし和太鼓が伝統的な芸能であるならば，大都市よりも伝統的な地縁的コミュニティの残存している農村や地方小都市で盛んなはずである。しかし，和太鼓演奏の活動は地方都市よりもむしろ大都市で盛んである。そこで和太鼓を例にして，現代の都市文化を考えてみよう。

　八木 (1994) によれば，和太鼓は 1970 年代後半にはすでにブームを呈していたという。2004 年に著者が行った和太鼓メーカーでの聞き取りによれば，全国の太鼓チームの数は約 15,000 であり，和太鼓連盟に加入しているのは 1,000～1,200 チームであるという。1 割弱の加入率という計算になる。日本全体でみれば和太鼓は非常に盛んで，毎週土曜日曜には全国の 3～4 か所で和太鼓のコンサートが開催されている。

　八木 (1994) が指摘するように，和太鼓は地域おこしの素材としてしばしば用いられてきた。その理由はどこにあるのだろうか。第 1 に，和太鼓は地域の歴史と結びつけやすいことにある。第 2 に，和太鼓の演奏スタイルはかなり自由であるため，伝統的なスタイルにとらわれていない創作太鼓と呼ばれるものもみられる。それゆえ，伝統的な祭りをもたない大都市郊外の新興住宅団地などで，地域アイデンティティを創造するために和太鼓が取り入れられることも少なくない。第 3 に，和太鼓は集団で演奏されることが多く，それゆえ個人単位のパフォーマンスは行政からの補助金を得るのが難しいのに対して，和太鼓のグループは行政からの支援を受けやすく，このことが太鼓チームの結成を促すことになっている。

　第 1 の点について考えてみよう。一般に地域おこしのために用いられる素材には，地域の歴史（郷土史），祭り（伝統的祭り，創作された祭り），芸能（歌舞伎，謡），食文化などがある。そのため，郊外の新しい住宅地で和太鼓を演奏するチームが結成された場合，その地域の歴史を感じさせるチーム名がつけられている。そのため，和

太鼓は地域おこしに用いられやすい要素を有しているといえる。太鼓は，たとえ主役でないにしても，古くからある祭りや神社の神事でもしばしば用いられ，人々にとって昔から身近な存在である。したがって，郊外の新興住宅地で新たに結成された和太鼓チームに，その地域の歴史を感じさせる名前がつけられるのだろう。

　和太鼓がブームとなったのは，1970年以降の豊かな社会における「ふるさと回帰」の流れに乗ったからであると考えられる。香山（2002）はこれを，「ぷちナショナリズム」と表現しているが，所得が上昇して豊かになった日本社会における伝統回帰の流れに和太鼓がうまく合流したのであろう。

　第2の点については，見る側から演じる側への転換が容易なことも和太鼓の普及を促進したと考えられる。実際，和太鼓の演奏を見て，実際に自分でも太鼓を叩いてみたいと思い，演じる側に転じる人も多いという。元来，伝統芸能としての和太鼓は1曲の演奏時間が5分程度と短く，観客を楽しませるためのものではなかった。そのため，演奏に用いる太鼓の種類を増やして大人数で演奏したり，演奏時間や曲目を増やしたりして，見る人を楽しませる衣装やパフォーマンスが重視されるようになってきた。

　第3の点は，和太鼓チームに対する行政からの支援である。和太鼓の振興策として大きな意味をもっていたのは，竹下内閣の時代にふるさと創生事業として，全国の市町村に一律1億円が交付されたことである。このふるさと創生資金を使って全国各地で太鼓が購入され，地域独自の新しい演奏スタイルが作られていった。たとえば福井県旧織田町（現越前町）では，劔神社に毎年奉納される「明神ばやし」が古くから存在し，もともと太鼓の盛んなところであった。そして，ふるさと創生資金を用いて1989年に五尺の大太鼓を購入し，1990年から大太鼓を中心にしたイベント「O・TA・I・KO響（ひびけ）」が開催されるようになった。逆にいえば，和太鼓は個人で購入するには値段が高いしチームで演奏されることが多いため，何らかの要因がなければ爆発的な普及は望めない。

　和太鼓が盛んな石川県南加賀地方の現況をみてみよう。南加賀地方の和太鼓の起源は，夏の時期に害虫駆除の祈願するために田んぼのあぜ道で太鼓を打ち鳴らしながら害虫を追い払ったり，旱ばつの際に太鼓を叩いて雨乞いしたことにあるという。こうした伝統的な太鼓は，現在のような整然としたリズムを刻む太鼓ではなく，虫を追い散らすために太鼓を乱打するスタイルが一般的であった。現在のようなスタイルへと変化するきっかけとなったのは，加賀温泉郷で客を迎えるために和太鼓演奏が行われるようになったことにある。1960年代後半の高度経済成長の時代に

第10章　都市の文化　143

図10-4　石川県小松市の体育館で練習に励む和太鼓グループ「打族」（2006年，筆者撮影）

なると加賀温泉郷にやってくる観光客が急激に増え，小松市の粟津温泉の旅館が最初に和太鼓で客を迎えるサービスを始めたといわれている。この頃に，加賀太鼓あるいは温泉太鼓と呼ばれる演奏スタイルが確立した。加賀太鼓の特徴は，「三ツ打ち」と呼ばれる独特なリズムにある。

小松市内の各町内会長の家には，かつて軒先に桶胴太鼓が吊るされ，集会の開始を知らせるために使われていた。こうした背景から，現在，小松市内には約30の和太鼓チームが存在し，各チームは体育館などで平日の夜や土曜・日曜に練習を重ねている。新しい演奏スタイルを取り入れた和太鼓は創作太鼓と呼ばれ，サークル活動として地域の人々が参加するようになっている。近年では，若い女性の参加が目立つという。図10-4のチームも創作太鼓の演奏が中心であり，この地方の伝統的な加賀太鼓ではない。このようなチームが全国各地に設立されたことで，和太鼓がブームとして広く受け入れられる流れとなっていったのである。

現在，太鼓演奏のための屋外ステージは福井県旧織田町（現越前町）と秋田県旧鷹巣町（現北秋田市）にある。福井県旧織田町では「オタイコヒルズ」という公共施設に屋外ステージが建設され，町おこしの一環として太鼓フェスティバルが開催されている。大分県旧久住町（現竹田市）に本拠を置く和太鼓演奏グループの「TAO」は演奏活動だけでなく，久住町の太鼓練習場に隣接してホテルも運営し，イギリスのエディンバラ・フェスティバルにも出演している。もともとはごくありふれたア

マチュアの太鼓チームだったが，練習を積み重ね，パフォーマンスを磨くことでファンを獲得した。年間約5億円の売り上げを誇り，町の経済にとって大きな柱となっている。また，新潟県佐渡島に根拠を置く「鼓童」は，3年先まで公演スケジュールが決まっており，1億円の資金をもつ財団の運営形態をとっている。

音楽が商品として生産され消費されるためには，演奏する人と音楽を聞く聴衆との分離が必須である。「TAO」や「鼓童」の例が示すように，和太鼓もまた現代日本の資本主義における商業化された音楽の1つになりつつある。

## 4 文化のグローバル化

近年，日本のアニメや漫画が海外でブームとなっている。日本のサブカルチャーが「クールジャパン」ともてはやされ，東南アジア諸国では日本のテレビ番組やアニメの海賊版が多くの人々に視聴されている。そこで，以下では日本と海外との文化の面での関係を考えてみる。

戦前の日本では，西欧の帝国主義に抗するために他のアジア諸国との連帯を謳う「興亜」と，日本が乗り越え葬り去るべき過去，すなわち日本の近代化・文明化の程度を映し出すものとしてアジアをとらえようとする見方である「脱亜」という2つのアジアへのアプローチが存在したが，帝国主義的アジア支配を目指す過程で「興亜」は「脱亜」に呑み込まれ形骸化されてしまったという（竹内 1993）。それゆえ，福沢諭吉が主張した「脱亜入欧」という日本のあり方は，日本-アジア-西洋という三項の創造体を作り上げ，オリエンタル・オリエンタリズムを発展させる作用をもつものとしてとらえられる（川村 1993）。しかし，日本とアジア諸国との「共通性と異質性」の問題は，日本の帝国主義的侵略の進展とともに拡張的ナショナリズムに取り込まれ，「似ているが優っている」「アジアに在りてアジアを超える」と解釈されるようになった（岩渕 2001）。つまり，1930年代のアジアへのアプローチは，「大東亜共栄圏」として日本を盟主としてアジアの連帯を説く言説へと変節していったのである。こうした戦前のアジア認識は，近年における日本のポピュラー文化のアジア地域への浸透をめぐる言説や日本の文化産業のアジア戦略にも脈々と受け継がれている（岩渕 2001）。

第二次世界大戦による敗戦は，アジアに向けられていた帝国主義的な膨張政策を内向きに変えた。アメリカ合衆国による占領や冷戦政策によって日本は日本自身を犠牲者とみなし，戦前との歴史的断絶を強調することで自らの帝国主義的侵略・暴

力行為と向き合うことを回避してきた。これによって，戦後の日本文化の方向性は内向きへと転換した。戦前における「日本化」の意味は，西洋文化／文明の吸収や土着化の意味と，文化的に遅れたアジア民衆を帝国臣民に同化させる「皇民化」の両義を含むものであったが，戦後にはアメリカ合衆国の資本主義的消費文化の土着化を意味するようになった（岩渕 2001）。ただし，日本がアジアの盟主であるという発想は文化的側面では押し殺されることになっても，「雁行経済発展論」に示されるように経済分野ではしぶとく生き続けた。そして，日本が高度成長によって世界経済における地位を上昇させるにつれて，「日本化」の意味は「模倣」といった従属的地位を示すものから，「西洋を飼い慣らす（domesticate）」「奪用する（appropriate）」という積極的・創造的な西洋文化の混淆能力が強調されるようになっていった。

「アジア」という文化的アイデンティティが日本で再び強調されるようになったのはアジアが急速に経済成長を遂げた1990年代になってからである。しかし，急速に経済力をつけ近代化されたアジア諸国は，戦前の日本が抱いていた「伝統的」「未発達」「遅れたアジア」というイメージとは大きく異なるものであった。経済発展を遂げたアジア諸国は，自らの「アジアらしさ」を積極的に主張するようになった。アジアという文化的な範域が意味をもつようになるのは，アジア地域の土着文化が経済成長とうまく適合するからである。つまり，資本主義のグローバリゼーションがこの地域に蔓延し，しっかりと根を下ろしたからである。マハティールやリー・クァンユーといった東南アジアの政治リーダーたちが，アジア的価値観こそがアジアの経済成長・近代化を支えたものであるとして，欧米の文化価値に基づいた近代の普遍性をいまだに疑わない先進国の傲慢さを批判し始めたのはまさにその時であった。

シンガポールのミュージシャンであるディック・リーが日本で大きな反響を呼んだのは，こうした時代背景に根ざしていた。ワールドミュージックと呼ばれるジャンルの音楽がポピュラー音楽で大きな比重を占めるようになったのは，日本経済の国際化によって海外の文化が大量に流入するようになり，それと同時に日本の文化が海外に輸出されるようになってからである。

リリー・コンの議論を整理してみよう（Kong 1996）。まず，現代資本主義社会においては，ポピュラー音楽が商品として生産され，販売されている。また，生産と消費が分離することで初めて音楽家（ミュージシャン）という職業が成立するようになる。テレビや衛星放送，CDなどさまざまな音楽メディアが発達することによって，商品として音楽市場で流通する速度も上がった。つまり，音楽もまたグローバ

ル化の過程にさらされているのである。

　これまで音楽の地理学では，(1) 音楽形態や音楽活動，アーティストの空間的分布に関する研究，(2) 音楽の中心地域を同定したり拡散の伝播主体や障壁を分析する研究，(3) 何らかの共通した音楽的特徴をもった地域の設定（等質地域区分）や歌詞や旋律，楽器編成などから地域的な特徴を抽出する研究（音楽にみられる地域性），(4) 音楽から読み解く都市のイメージといった研究を扱ってきた（Kong 1995）。

　グローバル化するポピュラー音楽を分析するには，現代資本主義を射程に入れた考察が必要になってくるが，上記の4つの視点だけでは，こうした現代の問題を十分に考察することはできない。

　グローバル化はアメリカナイゼーションと同義であるとみなされることが多い。つまり，経済のグローバル化はアメリカ合衆国の価値観の流入をもたらし，文化帝国主義の過程が進行しているというものである。しかし，グローバル化を，音楽がもつ地域性を消滅させる過程としてのみ，みなすことに反対する意見もある。

　ディック・リーの音楽が日本で高い評価を得たのは，日本と根本的に異なるやり方でアジア音楽と西洋音楽を混淆化したからであり，それまで日本がなし得たものよりもはるかにコスモポリタンであったからである（岩渕 2001）。音楽の地理の観点から Kong (1995) は，ディック・リーが，楽器・音楽様式・衣装・言語・ゲストアーティストなどの点で，東洋と西洋，ローカル性とグローバル性を混淆させながらも，明確にシンガポール的とみなされる新しい伝統サウンドを生み出したと述べている。ディック・リーの音楽にみられる具体的な例として挙げられているのは，伝統的な楽器とシンセサイザーを融合させ，中国の民謡に英語の歌詞をつけ，マレーの伝統的な民謡をラップと融合させ，英語のシンガポール方言であるシングリッシュを歌詞やリフレインの中で繰り返し，エルビス・プレスリーそっくりの衣装で舞台に立ったことである。さらに，ディック・リーの歌詞や曲のタイトルには，東洋と西洋の融合やアイデンティティの喪失，未来のアジア像などが頻繁に取り上げられている。

　けれども，このようなディック・リーによるアジア的アイデンティティの追求は，音楽市場における商業的成功をもくろむレコード会社の意図を汲むものでもある。それは同時に，公式には4か国語を公用語としながらも，実際には英語教育を推進することで国際資本の誘致競争で優位に立ち，欧米に開かれたアジアの窓口として東南アジアにおけるハブあるいは金融センターとしてシンガポールの地位を確立しようとするシンガポール政府の国策とも合致する。

アメリカナイゼーションとジャパナイゼーションの議論が岩渕（2001）の議論の中心である。しかし，東アジアや東南アジアにおける日本文化の流入だけが一方的に起きているわけではない。日本へも東アジア・東南アジアから文化が流入している。ソニーや東芝 EMI，JVC などは，東アジア・東南アジアのそれぞれの国でポップスターを発掘し，それを日本や他の国々に売り込むことでマーケットを獲得しようと努力している。その結果，シンガポールのポップスターであるディック・リーが 1990 年代前半に日本に売り込まれ，ある程度の人気を博するようになった。2000 年代の韓流ブーム以降，日本人からすれば韓国からテレビドラマが大量に流入しているようにも感じるが，実際には多くの日本のテレビドラマが東アジア・東南アジアに輸出されているのである。

◆調べてみよう
あなたの大学には，音楽や演劇，ダンスなど文化を深めるサークルがあると思います。そうしたサークルの学生が学んでいる文化には，どんな地域的な特徴がみられるか調べてみよう。

◆考えてみよう
あなたが住んでいる地域では，他の地域にはみられない伝統的な音楽はありますか。それは，どんな文化的背景をもっていますか。

●第 10 章　参考文献
新谷周平 2002. ストリートダンスからフリーターへ──進路選択のプロセスと下位文化の影響力. 教育社会学研究, 71: 151–170.
岩渕功一 2001.『トランスナショナル・ジャパン──アジアをつなぐポピュラー文化』岩波書店.
岩渕功一 2004. 沖縄に立ちすくむ. 岩渕功一・多田　治・田仲康博編『沖縄に立ちすくむ──大学を超えて深化する知──「ちゅらさん」「ナビィの恋」「モンパチ」から読み解く「沖縄」の文化の政治学』6–19. せりか書房.
上野俊哉・毛利嘉孝 2002.『実践カルチュラル・スタディーズ』筑摩書房.
内田忠賢 2013. よさこいが生み出すコミュニティ. 都市問題, 104-9: 22–25.
内田真人 2002.『現代沖縄経済論──復帰 30 年を迎えた沖縄への提言』沖縄タイムス社.

川村　湊 1993. 大衆オリエンタリズムとアジア認識. 大江志乃夫・浅田喬二・美谷太一郎・後藤乾一・小林英夫・若林正丈・川村　湊編『近代日本と植民地 7—文化のなかの植民地』107-136. 岩波書店.
香山リカ 2002.『ぷちナショナリズム症候群—若者たちのニッポン主義』中央公論新社.
杉山和明 2003. 若者の地理—英語圏人文地理学における「文化論的転回」をめぐる問いから. 人文地理, 55: 26-42.
竹内　好 1993.『日本とアジア』筑摩書房.
成瀬　厚 1993. 商品としての街　代官山. 人文地理, 45: 618-633.
成瀬　厚 1994. わが国の地理学における文化研究に向けて. 地理科学, 49: 95-108.
成瀬　厚 1996. 現代吟遊詩人の声を聴く—甲斐バンド「英雄と悪漢」の分析. 地理, 41-12: 46-52.
成瀬　厚 2000. 東京生活のススメ—女性週刊誌『Hanako』が提供する賃貸住宅情報の批判的解読. 地理科学, 52: 180-190.
増渕あさ子 2004. 映画『ナビィの恋』における沖縄の他者性. 岩渕功一・多田　治・田仲康博編『沖縄に立ちすくむ—大学を超えて深化する知—「ちゅらさん」「ナビィの恋」「モンパチ」から読み解く「沖縄」の文化の政治学』6-19. せりか書房.
八木康幸 1994. ふるさとの太鼓—長崎県における郷土芸能の創出と地域文化のゆくえ. 人文地理, 46: 581-603.
山口　覚 1998. 高度成長期における出郷者の都市生活と同郷団体—尼崎市の鹿児島県江石会を事例として. 人文地理, 50: 449-469.
山口　覚 2004. 海外移住としての「本土」就職—沖縄からの集団就職. 人文地理, 56: 21-42.
山口　晋 2002. 大阪・ミナミにおけるストリート・パフォーマーとストリート・アーティスト. 人文地理, 54: 173-189.
山口　晋 2015. ストリートの「文化実践」からみる都市研究の可能性. 都市文化研究, 17: 109-113.
山田晴通 1990. ビデオ・クリップが描く盛り場の若者たち—BOØWY『季節が君だけを変える』を読む. 松商短大論叢, 38: 69-98.
山田晴通 1994. 田舎と都会の間, あるいは,『あの日の僕をさがして』をみて. 地理, 37-9: 32-38.
Kong, L. 1995. Popular music in geographical analyses. *Progress in Human Geography*, 19: 183-198.
Kong, L. 1996. Popular music in Singapore: Exploring local cultures, global resources and regional Identities. *Society and Space*, 14: 273-292. 神谷浩夫・大西則行訳 1998. シンガポールのポピュラー音楽—ローカルな文化・グローバルな要素・地域のアイデンティティの研究. 空間・社会・地理思想, 3: 128-145.

# 第11章
# 東アジア型福祉国家

## 1 ケインズ主義福祉国家からシュンペーター主義勤労福祉国家へ

　本書では，都市社会に関して地理学研究がどのように展開されてきたのかを考察してきた。そこで，最後のまとめとして現代の都市社会を世界全体の中でどのように位置づけるべきか考えてみる。

　第7章でも述べたように，日本では1973年に老人医療費無料化が開始され，1973年は「福祉元年」と呼ばれるようになった。それ以降，日本では福祉という語が「児童福祉」「障害者福祉」「高齢者福祉」などさまざまな分野に浸透するようになった。この時期，日本は高度経済成長の最盛期にあり，経済成長にともなって政府の歳入も急速に拡大していった。その結果，ケインズ主義の需要管理とベヴァレッジの主張による全国民を包含する社会保障とが結びついたケインズ主義的福祉国家へと進んでいくが，オイルショックによって日本型福祉を求める声が強くなった。一方欧米諸国では，オイルショックを契機として経済成長が鈍化したために福祉支出への削減圧力が高まり，福祉国家批判が高まるようになった。イギリスではサッチャー政権，アメリカ合衆国ではレーガン政権が登場し，ケインズ主義に基づく大きな政府から民間部門による活動を推進する小さな政府へと政策転換が進んだ。これによってそれまでのケインズ主義的福祉国家は，グローバル化が進む世界経済において国際競争力を高め，イノベーションの促進を重視するシュンペーター主義的勤労福祉国家へと変質していったとされる（ジェソップ2005）。

　日本でも中曽根政権によって公営企業の民営化が推進され，国鉄はJR各社に分割され，電電公社はNTTグループへと姿を変え，日本専売公社は日本たばこ産業となった。住宅公団は，1981年には住宅・都市整備公団に移行し，1999年には都市基盤整備公団へと名称を変更し，2004年には都市再生機構となった。各自治体もまた市営住宅や県営住宅の売却を進め，住宅市場に占める公営住宅の比重は次第に低下していった。1991年には大店法が改正され，外資による流通業への進出が進むと

ともに，都市の郊外では大型店の進出が活発化した。

一方，高度経済成長期に大量に建設された郊外住宅地では次第に高齢化が進み，それ以前から高齢化が進んでいた地方の縁辺地域や都市中心部だけでなく，日本全体が高齢化の波に洗われるようになっている。全国に展開する小売業チェーンが衣料品や食料品の供給の主体となり，中小零細小売業の廃業が相次ぐようになると，日常の食料品の買い物に困難をきたす「フードデザート問題」が社会問題として表面化するようになった（岩間 2011）。

イギリスでは 1992 年に保守党から労働党へと政権が交代し，ブレア政権は市場の効率性を重視する一方で格差是正のための国による介入を認めるという「第三の道」を推進した。第三の道の代表的な施策が「ワークフェア」であり，それまでの社会的弱者に対する一元的な手当の給付から，就労などを通じた社会参加の意欲のある者に限った社会的支援へと転換した。その代表的な例が失業手当の給付であり，条件を満たす失業者すべてに対して失業手当を支給するものから，失業状態にある労働者がエンプロイアビリティ（失業者が企業に雇用される能力という意味で，当該企業のなかで発揮され継続的に雇用されることを可能にする能力と他の企業への転職を可能にする能力の両方を含む）を向上させるための技能の獲得に従事することを条件にした失業手当の給付へと転換が進んだ。日本でもワークフェアに基づいた福祉の見直しが進められ，2006 年に施行された障害者自立支援法では障害の程度や所得に応じて支援施設に利用料が課されることになった。その結果，これまで施設に通っていた障害者の中には，利用料を負担できないために自宅に引きこもる者も現れてきた。

日本では急速に進む高齢化に対処するために，2000 年に介護保険の運用が始まり，普遍主義的な介護サービスの提供が開始されるようになった。それゆえ，高齢者福祉の分野では高齢化によって需要が急速に膨らんだため，例外的にシュンペーター主義的勤労福祉国家の施策が貫徹しなかったと考えることができる。

福祉国家の変貌に関する議論は，社会政策を初めとしてさまざまな学問領域で活発に行われている。こうした議論に大きな影響を与えたのは，エスピン＝アンデルセンによる福祉国家の類型である（エスピン＝アンデルセン 2001）。そこで次節では，福祉国家像の比較から日本の福祉国家としての位置を考えてみる。

## 2 東アジア型福祉国家と都市社会との関係

福祉国家の類型論を展開したエスピン＝アンデルセン（2001）は，「脱商品化」と

「階層化」の程度という2つの指標に基づき，その国の政治動向と関連づけながら先進国の福祉国家を分類している。それによれば，(1) 自由主義的（脱商品化＝低，階層化＝高）（アメリカ合衆国やオーストラリア），(2) 保守主義的ないしコーポラティズム的（脱商品化＝中，階層化＝高）（ドイツやフランスなど），(3) 社会民主主義的（脱商品化＝高，階層化＝低）（北欧諸国）の類型が提示されている。多くの研究者は，この類型の妥当性をめぐってさまざまな議論を展開してきた。この枠組みには日本が含まれていないため，埋橋（1997）によって日本の位置づけが試みられている。特にエスピン＝アンデルセンの類型にはジェンダーの視点が抜け落ちているという批判を考慮に入れて，埋橋は日本が (1) 自由主義的タイプと (2) コーポラティズム的タイプの混合であり，男性稼得者中心・企業依存中心の雇用保障と社会保障という特徴をもつと指摘している。こうした評価は，大沢（1993）とかなり類似している。

　埋橋（1997）による日本の位置づけと比較的近い視点をもっているのが，東アジア型福祉国家論である。東アジア型福祉国家とは，東アジア諸国に共通してみられる福祉国家体制を意味する。つまり，エスピン＝アンデルセンの提唱する3類型とは異なり，東アジア型福祉国家は経済成長が社会政策に優先した第4のタイプの福祉国家であり，香港，台湾，韓国，シンガポールがその典型である。東アジア諸国の福祉制度は，経済成長を優先した後進国型のキャッチアップ的要素を強くもっており，官僚がそのときどきの政策課題に応急措置的にヨーロッパ諸国から諸制度を輸入し，それに修正を加え既存の制度に付け足した，つぎはぎだらけのものであるとみなされている（Goodman and Peng 1995）。

　東アジア諸国は，社会保障と経済成長との関係だけでなく，欧米諸国に比べて急速に少子高齢化が進んでいるという点でも共通している。もちろん，少子高齢化の先頭を走る日本では，介護保険を発足させて高齢化への対応を進めてきたが，介護保険が始まって以降，次第にサービスの受給者が増大しており，社会保障費も膨張し続けている。団塊の世代が後期高齢者となる2025年には介護サービスの受給者が急増すると見込まれており，高齢者の絶対数が多い大都市で特に深刻な問題となると予想されている。第9章で述べたように，2012年以降厚生労働省は地域包括ケアシステムの構築を求めるようになったが，その背景にはできるだけ社会保障支出の増大を抑制したいという意図がある。一方，金田（2014）が主張するように，新自由主義の立場の政治家がすでに確立された状態にある福祉を削減しようとしても，受益者集団の強い抵抗のために既存の福祉制度の変更は困難となる。国民の大多数を受給対象者としている現代の社会保障を削減しようとすれば有権者による批判が

予想されるために,「非難回避の政治」が行われ福祉供給は硬直化するというのである。

こうした文脈で考えると,地域包括ケアシステムの構築というスローガンは,大都市において急増すると予想されている高齢者向け介護に,施設サービスよりもむしろ在宅サービスで対応するための体制作りであると理解できる。

東アジア型福祉国家の議論に立ち戻ると,香港やシンガポール,韓国などに比べて経済成長の時期が早い日本では,医療の国民皆保険や高齢者向けの介護保険など社会保障の整備もアジアの中ではまっ先に進んだ。日本の社会保障は,大沢(1993)が指摘しているように,日本が企業中心の編成であるという点では東アジア型福祉国家の議論と共通する部分もあるが,社会保障が他のアジア諸国に比べれば手厚い点や,医療や福祉の供給に関して政府の規制が強い点はかなり異なる。

こうした福祉国家論における日本の位置づけを念頭に置きながら,本書の各章で詳述したような現代の都市社会が直面する諸側面を分析し直すことが必要であろう。日本では,大都市でも新規の住宅需要が低下しつつあり,高齢化が深刻な都心部だけでなく郊外でも空き家問題が表面化している。高齢化が進む中で,国内労働力の不足は深刻化しており,外国人技能実習生を受け入れる職種も拡大している。日本における外国人技能実習生の受け入れは,以前には自動車関連の工場や繊維関連の工場での受け入れが多かったが,近年では農業分野,水産加工,溶接・塗装などさまざまな職種で受け入れが進んでおり,地方の中小都市でも外国人技能実習生の姿を見かけるようになった。その一方,単身世帯の増大と核家族世帯の減少によって,人々が近隣の住民と日常的につきあう機会は減少している。近隣とのつきあいの減少は,安全・安心のまちづくりを求める欲求の高まりとも関連している。

都市社会地理学は,こうした現代の都市社会にみられる問題を空間的な観点から解明しようとする。本書は,住宅開発,労働,居住地分化,流通,ジェンダーとセクシュアリティ,医療,安全・安心のまちづくり,ガバナンス,文化という都市の社会現象が都市空間に影響を及ぼし,さらに都市空間が都市社会に影響を及ぼすという社会‐空間弁証法のプロセスを明らかにしてきた。とりわけ,戦後日本の経済発展が都市社会の形成と構造変化に及ぼす影響に焦点を当てながら,都市空間の特徴と都市で展開される人々の活動を考察した。本書によって,日本の都市社会に対する読者の理解が深まったと確信している。

◆調べてみよう
日本と主要な欧米先進国について，国全体の人口や都市人口が占める割合，貿易依存度，エスピン＝アンデルセンの福祉国家類型について調べてみよう．

◆考えてみよう
日本と香港，台湾，韓国，シンガポールでは，都市人口と農村人口の比重にかなりの違いがみられる．こうした違いは，国の福祉政策にどんな影響を及ぼしているのか考えてみよう．

● 第 11 章　参考文献

岩間信之編 2011.『フードデザート問題―無縁社会が生む「食の砂漠」』農林統計協会.
埋橋孝文 1997.『現代福祉国家の国際比較』日本評論社.
エスピン＝アンデルセン, G. 著 岡沢憲芙・宮本太郎訳 2001.『福祉資本主義の三つの世界―比較福祉国家の理論と動態』ミネルヴァ書房.
大沢真理 1993.『企業中心社会を超えて―現代日本を「ジェンダー」で読む』時事通信社.
金田耕一 2014. ポスト福祉国家の展望. 日本大学経済学部経済科学研究所紀要, 44: 111–121.
ジェソップ, B. 著 中谷義和監訳 2005.『資本主義国家の未来』御茶の水書房. Jessop, B. 2002. *The future of the capitalist state*. New York: Polity.
Goodman, R. and Peng, I. 1995. The East Asian welfare states: Peripatetic learning, adaptive change, and nation-building. In *Welfare state in transition: National adaptations in global economiesed*, ed. G. Esping-Andersen, 192–224. New York: Sage.

## あとがき

　本書は，日本における都市社会の問題に対して地理学からアプローチしたものである。筆者はノックスとピンチの訳書『都市社会地理学』（2013年，古今書院）を刊行したが，この本はかなり高度な内容を含んでいるため日本の大学では学部レベルの教科書には使えないという意見をあちこちから聞いた。この訳書を理解するのが難しい理由は，おそらく欧米の地理学で論争となっている議論の思想的背景を理解していなければならないことや，アメリカ合衆国やイギリスにおける都市発展の歴史や経済環境についての知識を前提としているからだと思われる。そこで本書では，日本の都市社会の発展の歴史を十分に踏まえ，戦後の経済発展と照らし合わせて都市社会の問題を扱うように心がけた。

　日本の最近の都市地理学の研究動向は，阿部和俊氏によれば「都市の」研究から「都市での」研究へとシフトしつつあるという（阿部2007）。都市は単なる容れ物として扱われて，都市そのものが研究対象となっていないという懸念の表明である。本書は，こうした疑念に対する回答でもある。確かに本書では，都市の形態的な側面についての考察は乏しいだろう。けれども，本書で取り上げている問題は都市に暮らす人々の日々の生活にとって身近に存在するものがほとんどである。それゆえ，本書を通じて都市社会について理解を深めることは学生や教員にとって役に立つだけでなく，都市地理学の発展にも大きく寄与するものと信じている。

　本書を執筆した動機は，いくつかある。これまでに筆者は，ピンチの『都市問題と公共サービス』（1990年，古今書院），『福祉の世界』（2001年，古今書院），ノックスとピンチの『都市社会地理学』（2005年，古今書院）を翻訳して刊行したという経緯があるので，日本の読者にも理解が容易な都市社会地理学の研究書を執筆したいという希望をもっていた。

　また筆者はこれまで，時間地理の研究会やジェンダーの研究会，地方行財政の地理の研究会，シングル女性の研究会，海外で働く若者の研究会などで地理学者と共同調査を行いその成果を論文として発表してきた。これらの研究テーマは，他人からみるとまったく別のテーマであると思われてきたようである。しかし筆者からすれば，すべて都市社会地理学の観点に基づいた研究であり，相互に深い関連をもっている。これらの研究テーマは，都市で暮らす人々の仕事と日常生活との関連性に焦点があり，仕事の時間と余暇の時間，男性と女性のジェンダー役割，政府と企業，

個人や家族，地域社会の果たす役割の再検討といった共通の視点がある．

　筆者がこれまで参加してきた研究会では，共同調査を通じて多くのことを学んだ．異なった意見をもった研究者が研究プロジェクトを遂行するためにフィールドワークに汗を流し，得られた調査結果をどのように解釈すべきか議論を重ねる経験を豊富に積み重ねてきたことは，研究者として冥利につきる．本書は，これまでに行った共同研究に基づいて発表した論文を骨子として書き進める予定で執筆を始めた．その一方，ノックスとピンチの『都市社会地理学』に劣らないように内容を充実させたいという思いもあった．その結果，執筆を進めるうちにほぼ書き下ろしに近い内容のものとなってしまった．

　執筆当初は，立地紛争や住民運動といった市民運動に関わるトピック，地方政治や選挙など都市の統治システムに関わるトピック，NPOや町内会など都市住民の組織化にまつわるトピックも本書に盛り込みたいと考えていた．しかし，こうしたトピックに注目した地理学の研究がさほど豊富ではなく，1つの章として取り上げるには研究蓄積がやや乏しいため，本書に盛り込むことができなかった．今後の課題としたい．

　本書は，サバティカルとして中国の広東省にある中山大学に滞在している間に執筆した．広州は中国でも成長の著しい都市であり，中心部の商業地区に出かけた際にはいろいろなことを考えさせられた．地下鉄で農民工と思われる労働者が大きな荷物を抱えている姿に出くわすと，日本で高度経済成長期に農村から都市への人口移動に制約が課せられていたらどんな状況になっていたのだろうか，と思いを巡らせもした．本書に登場する事例の大部分が日本の都市に関するものであるが，こうした事例が東アジアの韓国や台湾，中国とどの程度共通点をもつのだろうかと考えながら執筆に励んだ．

　最後に，執筆にあたってお世話になった方々にもお礼を申し上げたい．まず，金沢大学地域創造学類の山岸雅子学類長や諸先生方には，中山大学でのサバティカルを認めていただき快く中国での研修に送り出していただいたことに感謝申し上げたい．また，中山大学の劉雲剛先生は10か月の在学研修を受け入れていただき，また滞在中にはいろいろと便宜を図っていただいたことに対してお礼申し上げる．本書を執筆するに際して，図表の作成を手伝ってもらった中山大学研究員の憑雷氏，帝京大学講師の丹羽孝仁氏，金沢大学の浅野嵩法氏，小田敦史氏にもお礼申し上げる．

　広州では，中山大学地理与城市規制学院の研究室に閉じこもって本書を執筆する日々が続いた．夏の広州は過酷な気候で，高校の時に地理の授業で習った温帯夏雨

気候が実際にはあまり快適ではないことを思い知った。とくに6月と7月の気候がしんどかった。蒸し風呂のような湿った亜熱帯の夏の昼下がりには，時折スコールのような雷雨に見舞われた。暑いさなかに広州市内にあるアフリカ人の集住地区や韓国人の集住地区を見学する機会を得たことは，よい気分転換ともなった。

　在外研修の期間に本書を書き上げることができたこと，とりわけ都市社会地理学という比較的歴史の新しい研究領域のテキストを執筆できたことは，筆者にとって満足のゆくものであった。限られた時間の中で，教科書としてできるだけ使いやすい内容を心がけた。教科書として使われた際に不十分と思われた点，改善すべきと感じられた点についてご教示いただければ，できるだけ対応していきたいと考えている。

2018年3月

神谷浩夫

● 参考文献

阿部和俊 2007. 人文地理学のアイデンティティを考える―都市地理学を中心に. 人文地理, 57: 432-446.

## 初出一覧

- **第 1 章 都市社会地理学とは**
  神谷浩夫 2016. 都市社会地理学の発展と都市地理学. E-Journal GEO,10-2: 164. を基に大幅に加筆修正

- **第 2 章 都市の成長と人口移動**
  書き下ろし

- **第 3 章 労働の都市空間**
  書き下ろし

- **第 4 章 社会的二極化の社会地図**
  書き下ろし

- **第 5 章 流通の発展と商業空間の変容**
  書き下ろし

- **第 6 章 ジェンダーとセクシュアリティの都市空間**
  書き下ろし

- **第 7 章 高齢化と医療・福祉**
  書き下ろし

- **第 8 章 安全・安心のまちづくり**
  書き下ろし

- **第 9 章 都市のガバナンス**
  神谷浩夫 2017. ローカル・ガバナンス台頭の社会・経済的背景. 佐藤正志・前田洋介編著『ローカル・ガバナンスと地域』39–55. ナカニシヤ出版. を基に大幅に加筆修正

- **第 10 章 都市の文化**
  書き下ろし

- **第 11 章 東アジア型福祉国家論**
  神谷浩夫 2001. 福祉の地理学. 人文地理, 53-3: 300–305. を基に大幅に加筆修正

# 事項索引

**A-Z**
CCRC　23, 93, 130
NPM（新公共経営）　117, 125
NPO　126
OJT　30

**あ行**
アーバニズム（都市生活様式）　41, 55, 61, 65, 97
アジアらしさ　145
アノミー　98
暗数　98

異性愛家父長制　69, 72, 74
逸脱行動　97
医療費　88
医療崩壊　87
因子生態研究　45, 46
因子生態分析　2

失われた20年　123
内なる国際化　49

エネルギー革命　10
M字カーブ　32
エンプロイアビリティ　150

オールドカマー　5
沖縄イメージ　139

**か行**
外国人犯罪　105
外国人労働者　106
開発輸入　59

外部労働市場（二次的労働市場）　30
格差　52
ガチャマン景気　9
カミングアウト　78
カルチュラル・スタディーズ　133, 134
環境犯罪学　107
監視カメラ　112

技能実習（生）　5, 49
機能地域　41
機能的フレキシビリティ　35, 36
共助　84
業態　59, 60

クールジャパン　144
クライムマッピング　111
グローバル化　5, 146

ゲイコミュニティ　78
計量革命　2
ケインズ主義福祉国家　149
ゲーテッド・コミュニティ　113

公営住宅　13
公営住宅の残余化　18
公害問題　10
公共財　83
公助　84
構造主義的マルクス主義　3
構築主義　102

行動地理学　3
高度経済成長　9
皇民化　145
高齢化　121
高齢者の移動　23, 94
高齢者の犯罪　103, 104
高齢者福祉　89
高齢者保健福祉十ヵ年戦略（ゴールドプラン）　92
国民皆保険　84
互助　84
コミュニティ・ケア　93, 130
コミュニティの消失　140
コミュニティ・ポリシング　112
雇用対策法　38
雇用の非正規化　36

**さ行**
サードセクター　126
サービス経済化　37
産業構造の転換　10
3K産業　139
三種の神器　57

ジェンダー　77
シカゴ学派　41, 97
自助　84
自治基本条例（まちづくり基本条例）　128
社会解体論　97
社会－空間弁証法　6, 152
社会地区分析　44, 45
社会地理学　2
弱者の犯罪　104

集合的消費　4, 83
就職氷河期　123
終身雇用　28
住宅金融公庫　13, 17
住宅政策　13, 14
住宅政策の三本柱　13, 17, 18
住宅双六　16, 18
集団就職システム　11
シュンペーター主義勤労福祉国家　149
障害者自立支援法　150
少子化　120
少子高齢化　118, 119
少年犯罪　100
少年法の厳罰化　101
女性就業　32, 36
女性労働力率　33
ジョブカフェ　38, 39
人口移動　18
人口学的変化　5, 6
人口還流現象　23
新ゴールドプラン　92
新三種の神器　57
新都市社会学　4, 83
人文主義地理学　1
診療報酬　85

スーパーマーケット　56, 58, 62
数量的フレキシビリティ　35, 36

成果主義　123
正規雇用　34
正社員　30
性別役割分業　69
セキュリティ・タウン　113
セクシュアリティ　77

セグリゲーション　42, 97
扇形理論　43

た行
第一次流通革命　56, 59
体感治安　99, 100
第三の道　150
大衆文化　133
大店法　58, 59
大東亜共栄圏　144
第二次流通革命　58, 60
多核心モデル　44
脱亜入欧　144
団塊の世代　9, 18
単独世帯　51

地域おこし　141
地域的公正　89, 94
地域包括ケアシステム　92, 130
地域労働市場　39
地方行財政改革　117
地方消滅　121
地理的プロファイリング　112

東京一極集中　13
東京消滅　122
同郷組織　137
等質地域　41
同心円モデル　42, 44
同性愛　78
特定非営利活動促進法（NPO法）　126
都市社会地理学　1, 2, 41
都市地理学　2, 3
都市の発展段階モデル　28

な行
内部労働市場（一次的労働市場）　30
二重構造論　30, 36
二重労働市場　29, 30, 36
日常活動理論　108
日系ブラジル人　50
日本型福祉　14, 90
日本住宅公団　13, 14, 17
日本的雇用慣行　28, 31, 72
日本の都市の因子生態　48
入管法改正　5, 49
ニュータウン　15
人間生態学　42, 97

ネオフォーディズム　36
ネット・ワイドニング　102

年功賃金　28

農村的生活様式　55, 61, 65

は行
ハイカルチャー　133
売春　75
ハウジング・トラップ　10
パラサイト・シングル　52
犯罪機会論　107, 109
犯罪原因論　107, 109
犯罪統計　98
犯罪の転移　112

被害者論　108
東アジア型福祉国家　151, 152
百貨店　61
標準世帯　51

フードデザート問題　150
フェミニズム　77
福祉元年　91

福祉国家の類型論　150
福祉国家批判　149
プラザ合意　10, 59
フリーアクセス　85
フリーライダー　84
フレキシビリティ　35
文化帝国主義　146
文化論的転回　1, 3, 4

ベビーブーム　9

防犯　112
防犯環境設計　108
ポスト構造主義　4
ポストフォーディズム　36
ポピュリズム刑事政策
　（Penal Populism）　101
本質主義　102

**ま・や行**

前裁き（コンバージョン）
　102

持家取得　14

優占　42

**ら行**

ライフスタイル理論　108
ラディカル地理学　1
ラベリング理論　102

流通革命　56, 64

老人医療費無料化　91
老人福祉法　91
労働市場　29

労働者派遣法　35
労働の地理学　37
ローカル・ガバナンス
　117, 124, 128
ロードサイド店舗　60, 64

**わ行**

ワークフェア　150
若者自立・挑戦プラン
　38, 39
若者の文化研究　135
割れ窓理論　108

# 人名索引

## A-Z
Bondi, L.　77
Kong, L.　145, 146
Moos, A.　79
Pain, R.　108
Peng, I.　151
Valentine, G.　108

## あ行
青井新之介　52
浅川達人　45
浅野嵩法　64
阿部和俊　155
阿部　隆　48
阿部　一　75
阿部康久　38
雨宮　護　109
鮎川　潤　105
荒井良雄　58
新谷周平　135
アリエス, P.　70

五十嵐太郎　113
池上直己　94
岩垂雅子　23, 94
岩渕功一　139, 144-147
岩間信之　150

上野俊哉　133
埋橋孝文　151
内田忠賢　136, 137
内田真人　139
ウルマン, E.　44

江崎雄治　24
エスピン＝アンデルセン, G.　150, 151, 153
江原由美子　77
エルビス・プレスリー　146

大沢真理　90, 91, 151, 152
小田敦史　136

## か行
影山穂波　73, 77
梶田　真　89
カステル, M.　3, 83
片岡博美　50
兼子　純　62, 63
金田耕一　151
神谷浩夫　48, 83, 87-89, 98
神谷万里子　138
香山リカ　142
河合幹雄　100, 101
川口太郎　19, 73
川村　湊　144

桐野高明　84, 86, 94
桐村　喬　50

久木元美琴　125
國松孝次　99
久保倫子　25
クラッセン, L. H.　24, 25
クリストファーソン, S.　37

小泉　諒　125
後藤亜希子　65
小宮信夫　107

## さ行
坂井素思　37
佐藤正志　117
佐藤俊樹　52
佐藤典子　103-105
佐藤英人　15

ジェイコブス, J.　107
シェヴキー（Shevky, E.）　45
島田貴仁　109
清水賢二　106
清水昌人　50
ショウ, C. R.　97
ジョンストン（Johnston, R. J.）　1
杉浦真一郎　93
杉山和明　135
スナイダー, M. G.　113

瀬川　晃　104, 107, 108

染田　恵　105

## た行
高野岳彦　45
高橋　誠　65
竹内　好　144
橘木俊詔　52, 72
田辺　裕　39
谷　謙二　19
田原裕子　23, 94
ダンハム, H. W.　97

辻中　豊　128

堤　研二　41

ディック・リー　145-147
デービス（Davis, B.）　89

土井隆義　100
富田和暁　25, 44
豊田哲也　52

**な行**
中内　功　69
中澤高志　11, 16, 17, 37, 38, 52
中村　努　86
成瀬　厚　133, 135, 141

ニューマン, O.　107

野口悠紀雄　71
ノックス, P.　7, 36, 43, 69, 155, 156

**は行**
ハーヴェイ, D.　3, 14
パーク, R. E.　3, 42, 97
バージェス, E. W.　3, 42-44, 97
パーム, R.　73
箸本健二　60
埴淵知哉　127
ハバード（Hubbard, P.）76
浜井浩一　101-103
原田　豊　109-111

ハリス, C.　44

平井　誠　23
平山洋介　13, 14, 17, 18
ピンチ, S.　7, 36, 43, 69, 93, 155, 156

ファリス, R. E. L.　97
福沢諭吉　144
福本　拓　50
ブレークリー, E. J.　113
ブレッド, A.　70, 73

ベイリー, D.　112
ベッカー（Becker, H. S.）102
ベル（Bell, W.）　45

ホイト, H.　43, 44

**ま行**
前田雅英　100, 105
前田洋介　117
増田寛也　93, 121, 122, 130
増渕あさ子　139
マッケイ, H. D.　97
松下幸之助　69
真野俊樹　84
マハティール・ビン・モハマド　145

南　亮一　62
宮澤節生　102

宮澤　仁　48

村田陽平　77

毛利嘉孝　133
森川　洋　45
盛田昭夫　69
守山　正　107

**や行**
八木康幸　141
山口　覚　137
山口　晋　135, 136
山口岳志　45-48
山口　泰　24
山田晴通　135
山田昌弘　17, 52

由井義通　18, 25
湯川尚之　62

米浜健人　66

**ら行**
リー・クァンユー　145

レルフ, E.　64

ロジュキーヌ, J.　3
ロスモ, D. K.　112

**わ行**
ワース, L.　41, 42
若林芳樹　109, 125

著者紹介

**神谷浩夫**（かみや ひろお）
金沢大学地域創造学類教授

編集協力

**中澤高志**（なかざわ たかし）
明治大学経営学部教授

ベーシック
都市社会地理学

| | |
|---|---|
| 2018 年 4 月 30 日 | 初版第 1 刷発行 |
| 2022 年 4 月 30 日 | 初版第 2 刷発行 |

著　者　神谷浩夫
発行者　中西　良
発行所　株式会社ナカニシヤ出版
〒606-8161　京都市左京区一乗寺木ノ本町 15 番地
　　　　　　Telephone　075-723-0111
　　　　　　Facsimile　075-723-0095
　　Website　http://www.nakanishiya.co.jp/
　　Email　iihon-ippai@nakanishiya.co.jp
　　　　　　郵便振替　01030-0-13128

印刷・製本＝ファインワークス／装幀＝白沢　正
Copyright © 2018 by H. Kamiya
Printed in Japan.
ISBN978-4-7795-1243-8

本書のコピー、スキャン、デジタル化等の無断複製は著作権法上の例外を除き禁じられています。本書を代行業者等の第三者に依頼してスキャンやデジタル化することはたとえ個人や家庭内での利用であっても著作権法上認められていません。

## ナカニシヤ出版◆書籍のご案内
表示の価格は本体価格です

### 若者たちの海外就職　「グローバル人材」の現在
神谷浩夫・丹羽孝仁［編］

彼・彼女たちは，なぜ海外に就職したのか，どのように働いているのか。自らの意思で海外に移住し，働く，日本人の実態を明らかにする。　　　　　　　　　　　　　　　2700円＋税

◆シリーズ・21世紀の地域
### ①インターネットと地域
荒井良雄・箸本健二・和田　崇［編］

ブロードバンド，電子自治体，葉っぱビジネス，近年のさまざまな地域情報化プロジェクトについて調査，考察する最新テキスト。　　　　　　　　　　　　　　　　　　　　　2700円＋税

### ②コンテンツと地域　映画・テレビ・アニメ
原　真志・山本健太・和田　崇［編］

映画・テレビ・アニメ――コンテンツ産業と地域振興の取組みの現在を捉えコンテンツ産業のあり方と地域振興方策を展望する。　　　　　　　　　　　　　　　　　　　　　　　2600円＋税

### ③ショッピングモールと地域　地域社会と現代文化
井尻昭夫・江藤茂博・大﨑紘一・松本健太郎［編］

グローバル化の潮流のなかで世界各地に展開されつつあるショッピングモールを通して地域社会の変容と現代文化の諸相を捉える。　　　　　　　　　　　　　　　　　　　　　　　2700円＋税

### ④ライブパフォーマンスと地域　伝統・芸術・大衆文化
神谷浩夫・山本健太・和田　崇［編］

神楽，演劇，音楽，大道芸，芸術祭……様々な文化実践とその実践場所との関係を「真正性」などのキーワードに注目しながら論じる。　　　　　　　　　　　　　　　　　　　　　2600円＋税

### ⑤ローカル・ガバナンスと地域
佐藤正志・前田洋介［編］

新自由主義的な行財政改革とともに普及した「ローカル・ガバナンス」とは何か。文脈と背景，多様な事例に基づき地理学から迫る。　　　　　　　　　　　　　　　　　　　　　2800円＋税

### ⑥フードビジネスと地域　食をめぐる文化・地域・情報・流通
井尻昭夫・江藤茂博・大﨑紘一・松本健太郎［編］

ファミレス，カレー，給食，醤油，養殖カキ，ラーメン，即席めん，B級グルメなど現代の食と地域をめぐる関係性を多角的に考察する。　　　　　　　　　　　　　　　　　　　　2700円＋税